Le super guide des juniors

CÂBLE DE DESTRUCTION PLANÉTAIRE
ICI
*SI VOUS NE LISEZ PAS CE BOUQUIN J'APPUIE SUR LE BOUTON !

SCÉNARIOS ET TEXTES : GOUPIL - DOUYÉ
DESSINS : LAI - KRINGS - DELAF - MANHAES - MILLER - BONFANTI
COULEURS : CALLIXTE - DUBUC - BARBIERI - FLO - CHECCAGLINI

VENTS D'OUEST

CE LIVRE APPARTIENT À

RETIRE TES SALES PATTES DE CE BOUQUIN !

31-33, rue Ernest-Renan 92130 Issy-les-Moulineaux
www.ventsdouest.com

Dépôt légal : octobre 2008 - ISBN : 978-2-7493-0481-6
Achevé d'imprimer en Italie en octobre 2008 par L.E.G.O S.p.A

TU SAIS CE QUE C'EST, TOI, CE SUPER GUIDE DES JUNIORS ?
BEN OUI, J'LE SAIS, JE NE SUIS PAS DÉBILE COMME TOI, MON PETIT MINO !
ÇA VA NINOU, HEIN ! J'SUIS PAS PETIT ! ARRÊTE DE TE LA JOUER ET DIS-MOI CE QU'IL Y A DANS CE BOUQUIN, PUISQUE T'ES SI MALIGNE !
EH BEN, IL Y A PLEIN DE BD OÙ TU FAIS DES TONNES DE BÊTISES !
WAO, L'AUTRE, MÊME PAS VRAI !
REMARQUE, J'EN FAIS AUSSI QUELQUES UNES...
ÇA M'ÉTONNE PAS ! ET À PART TES ÂNERIES, QU'EST-CE QU'IL Y A D'AUTRE, DANS CET ALBUM ?
DES CARTES, DES PANNEAUX À AFFICHER ET MÊME UN EMPLOI DU TEMPS POUR PROGRAMMER TES BÊTISES !
ÇA VA, ON A COMPRIS !
Y'A AUSSI DES TESTS, DES RECETTES, UN RÉPERTOIRE, UN ALBUM POUR TES PHOTOS, Y'A DOUZE MILLIARDS DE TRUCS !
12 MILLIARDS SUR 160 PAGES, T'EXAGÈRES !
T'AS QU'À COMPTER, MONSIEUR JE SAIS TOUT !
BIEN SÛR QUE JE VAIS COMPTER ! TOUT DE SUITE, MÊME !
ALORS LUI, C'EST VRAIMENT N'IMPORTE QUOI ! ON LUI DONNE UN BOUQUIN ET AU LIEU DE LIRE, IL COMPTE !
Le super guide des juniors

LE SUPER GUIDE DES JUNIORS A ÉTÉ CONÇU ET RÉALISÉ PAR
SYLVIA DOUYÉ ET JACKY GOUPIL
AVEC DES BD ET DES DESSINS DE
DELAF DENTIBLU KRINGS
LAI MANHAES MILLER
ET DES JOLIES COULEURS DE
BARBIERI CALLIXTE CHECCOGLINI DUBUC FLO

LES AUTEURS DE CE SUPER GUIDE DES JUNIORS ONT ÉGALEMENT FAIT CES ALBUMS :

Les Nombrils
Les liens de l'amitié
DELAF
GIRLZ
Le Look de A à Z
DENTIBLU
Les ZinZin' venteurs
MISSION ZINZINPOSSIBLE
GOUPIL / DOUYÉ
ViOLine 5
LA MAISON-PIÈGE
KRINGS
Jacques
COMBATIF
LAI
Gothic Girl
MANHAES
Les BANQUIERS
MILLER

LES BD PUBLIÉES DANS CE SUPER GUIDE SONT EXTRAITES DES ALBUMS DE LA COLLECTION

LES GUIDES JUNIORS EN BD

ÉDITIONS VENTS D'OUEST

À DÉCOUPER

LE BON PLAN
POUR ÉLOIGNER LES CASSE-PIEDS
ET NE PAS ÊTRE DÉRANGÉ !!

JE VEUX LIRE MON BOUQUIN
TRANQUILLE !!

SOMMAIRE

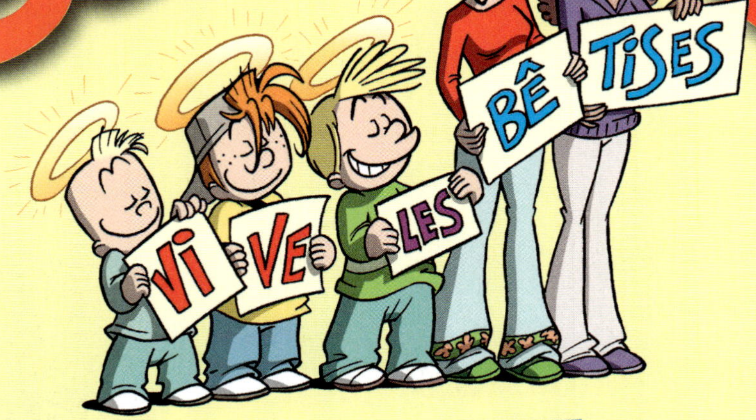
VIVE LES BÊTISES

COMMENT DIT-ON MERCI DANS LES AUTRES LANGUES
THANK YOU!
GRAZIE!
TACKA DIG!
DANKE!
GRACIAS!
BERCI!
ANGLAIS
ITALIEN
SUÉDOIS
ALLEMAND
ESPAGNOL
ENRHUMÉ
MARTIEN

TOUT SAVOIR SUR MINO

J'AIME PAS ÊTRE À L'ÉCOLE !

HONNÊTEMENT, J'AI PAS ENCORE COMPRIS À QUOI ÇA SERVAIT. BON, OK, GRÂCE À L'ÉCOLE JE SAIS LIRE, C'EST SUPER POUR DÉVORER DES BD. MAIS ENTRE NOUS, L'ORTHOGRAPHE, ÇA COMPLIQUE BIEN LA VIE. AU MOINS, DEPUIS L'INVENTION DU LANGAGE SMS, ON ÉCRIT COMME ON LE PENSE ET IL N'Y A AUCUNE FAUTE !

ET TON CHAPEAU, C'EST QUELLE MARQUE ? HI HI HI !!!

J'AIME PAS RANGER MA CHAMBRE !

RANGER SA CHAMBRE !
TROP NUL !

J'AIME PAS RANGER MA CHAMBRE. À QUOI ÇA SERT PUISQUE UNE DEMI HEURE PLUS TARD AU MAXIMUM, ELLE SERA À NOUVEAU ENCOMBRÉE. ET PUIS, C'EST TELLEMENT PLUS PRATIQUE POUR RETROUVER SES AFFAIRES QUAND TOUT EST ÉTALÉ SUR LE SOL. QUAND DONC LES PARENTS COMPRENDRONT-ILS ÇA ?

J'AIME PAS MANGER DES LÉGUMES !

... LES POIREAUX, LES HARICOTS ET TOUS CES TRUCS VERDÂTRES QUE LES PARENTS METTENT DANS LES ASSIETTES PARCE QUE SOIT-DISANT ÇA FAIT GRANDIR. À PART LES PETITS POIS, BIEN SÛR, PARCE QUE ÇA, ON PEUT SE MARRER AVEC !

SI TU N'AIMES PAS LES HARICOTS, TU PEUX PRENDRE DU GÂTEAU AU CHOCOLAT !

J'AIME PAS ME LAVER !

C'EST PAS QUE J'AIME PAS, MAIS JE SUIS ÉCOLO. JE LUTTE CONTRE LE GASPILLAGE DE L'EAU CAR IL Y A DES MILLIONS D'ENFANTS QUI MEURENT DE LA SÉCHERESSE. CROYEZ-MOI, CE N'EST PAS FACILE DE NE PAS SE LAVER. IL Y A TOUJOURS DES MALVEILLANTS POUR DIRE QUE VOUS NE SENTEZ PAS BON ! MA FRANGINE, PAR EXEMPLE, ELLE ME LOUPE PAS !

NON MAMAN ! PAS LA DOUCHE ! PITIÉÉÉÉÉ !

ROBBY STAR
GLA GLA GLA GLA GLA GLA

J'AIME PAS LES FILMS D'HORREUR !

ÇA ME FOUT TROP LA PÉTOCHE. JE SUPPORTE PAS LES MASSACREURS À LA TRONÇONNEUSE QUI DÉTRUISENT TOUT. LE SANG GICLE DANS TOUS LES COINS, C'EST ABOMINABLE.

J'AIME MON POTE SÉBASTIEN !

C'EST MON MEILLEUR COPAIN ! ON FAIT TOUS NOS COUPS ENSEMBLE. ON SE DIT TOUT, ON PARTAGE TOUT. S'IL A UN 2 EN MATHS, J'AI UN 2 EN MATHS ! PAS DE JALOUX ! AVEC LUI, C'EST À LA VIE À LA MORT.

PORTE DE NEPTUNE MAIRIE DU CRATÈRE, SVP...
C'EST 3 TICKETS...
BUS 83

J'AIME ALLER À L'ÉCOLE !

J'AI PAS DIT « TRAVAILLER », J'AI DIT « ALLER » À L'ÉCOLE. POUR VOIR LES COPAINS. LE MEILLEUR MOMENT, C'EST LA RÉCRÉ. SI ÇA NE TENAIT QU'À MOI, ON INVERSERAIT L'EMPLOI DU TEMPS. QUATRE HEURES DE RÉCRÉ POUR UN QUART D'HEURE DE COURS, ÇA ME SEMBLE CORRECT.

QUEL MÉTIER JE FERAI PLUS TARD ?
J'AIMERAI BIEN ÊTRE INVENTEUR DE BONBONS. JE MÉLANGERAI DES INGRÉDIENTS POUR FAIRE DES BONBECS DE TOUS LES GOÛTS ET DE TOUTES LES COULEURS. J'INVENTERAI LE BONBON AUX HARICOTS VERTS. ON EN MANGE UN PAQUET ET ÇA NOURRIT AUTANT QU'UN KILO DE VERDURE. LES PARENTS SERAIENT OBLIGÉS DE NOUS EN ACHETER !

MINO ! VIENS ICI TOUT DE SUITE !
EUH... PAS LE TEMPS ! JE DOIS ALLER À L'ÉCOLE !

J'AIME LES JEUX VIDÉO !

JE POURRAIS PASSER MES JOURNÉES ET MES NUITS À JOUER. JE M'EN LASSE JAMAIS. MON PÈRE DIT QUE C'EST PAS BON POUR LA SANTÉ ! QU'EST-CE QU'IL Y CONNAÎT ? IL PEUT PAS SAVOIR, C'EST PAS DE SON ÉPOQUE. LUI, C'ÉTAIT PLUTÔT LE TRAIN ÉLECTRIQUE ET LE CIRCUIT 24 !

DE JEU
À LA !!!
CROK! BAFF!

HÉ HÉ FILS DE
T'AS VU COMMENT JE T'AI PIÉTINÉ TA TRONCHE ?
DANS TES RÊVES GROS NAZE !

J'AIME LES JEUX D'HORREUR !

J'ADORE ENTRER DANS LA PEAU D'UN MASSACREUR AVEC UNE MÉGA TRONÇONNEUSE QUI DÉTRUIT TOUT. LE SANG GICLE DANS TOUS LES COINS, C'EST GÉNIAL.

J'AIME HULK !

IL EST TROP FORT ! LUI, TU LUI CHERCHES PAS DES NOIZES ! SI J'ÉTAIS HULK, ÇA M'ÉTONNERAIT QUE JE SOIS OBLIGÉ DE RANGER MA CHAMBRE OU DE FAIRE DES DEVOIRS. MAIS J'AIMERAIS PAS ÊTRE VERT. SI Y'A UNE AUTRE COULEUR DISPONIBLE, JE VEUX BIEN. PAS BLEU NON PLUS, ÇA FAIT SCHTROUMPF...

SALUT P'PA !
BAM
ZZZZ

MA PLUS GROSSE BÊTISE. OUH LÀ, ATTENDEZ, C'EST PAS FACILE COMME QUESTION. J'EN AI FAIT BEAUCOUP DES BÊTISES MÉMORABLES. DEMANDEZ À MON PÈRE, VOUS VERREZ CE QU'IL EN PENSE !

CE QUE LES PARENTS N'AIMENT PAS DANS LES BÊTISES,
C'EST QU'ILS NE S'Y ATTENDENT PAS...

C'EST TROP D'ÉMOTION POUR LEUR PETIT CŒUR FRAGILE !

C'EST POURQUOI NOUS TE PROPOSONS CET

EMPLOI DU TEMPS DES BÊTISES

RECOPIE-LE OU PHOTOCOPIE-LE ET AFFICHE-LE SUR LA PORTE DE TA CHAMBRE.

NOTE SOIGNEUSEMENT CHAQUE SEMAINE LES BÊTISES QUE TU COMPTES FAIRE, AINSI LES ADULTES NE POURRONT PLUS DIRE QUE TU FAIS LES CHOSES DANS LEUR DOS !

—LUNDI—
BÊTISE DU JOUR :
BÊTISE BONUS :
—MARDI—
BÊTISE DU JOUR :
BÊTISE CADEAU :
—MERCREDI—
BÊTISE DU JOUR :
BÊTISE EN + :

JEUDI
BÊTISE DU JOUR :
BÊTISE IMPRÉVUE :
VENDREDI
BÊTISE DU JOUR :
BÊTISE EXTRA :
SAMEDI
BÊTISE DU JOUR :
BÊTISE SURPRISE :

LA PAGE EST PLUS GRANDE POUR LE DIMANCHE PARCE QUE TU AS PLUS DE TEMPS POUR FAIRE DES BÊTISES !

QUE SE PASSE-T-IL APRÈS UNE BÊTISE ?

ÇA DÉPEND DES JOURS...

SI TU NE TE FAIS PAS PRENDRE, TU PEUX BIEN TE MARRER !
TROP MORTEL ! HA HA HA !
TU PEUX MÊME RECOMMENCER
ON DOUBLE LA DOSE ?
ON TRIPLE ! ON QUADRUPLE, MÊME !
MAIS SI TU TE FAIS ATTRAPER, ÇA VA CHAUFFER
AÏE AÏE AÏE ! ÇA SENT LE ROUSSI !
T'AS PLUTÔT INTÉRÊT À TE CACHER...
TU... TU... TU CROIS QU'IL NOUS A VUS ?
J'EN... J'EN... J'EN AI PEUR !
...OU MÊME À TE SAUVER !
50%
T-VOYAGES
DEUX BILLETS POUR L'AMÉRIQUE !
VITE, VITE !
PARCE QUE L'ADULTE A INVENTÉ QUELQUE CHOSE DE TERRIBLE...
VOYAGE
NON, PAS DE BILLET RETOUR, C'EST PAS LA PEINE !
LA PUNITION !
OUILLE ! OUILLE ! ON L'A PAS FAIT EXPRÈS, MSIEUR !
C'EST PAS NOUS, AÏE !

PETIT CATALOGUE DES PUNITIONS...

...ET L'ART DE LES SUPPORTER !

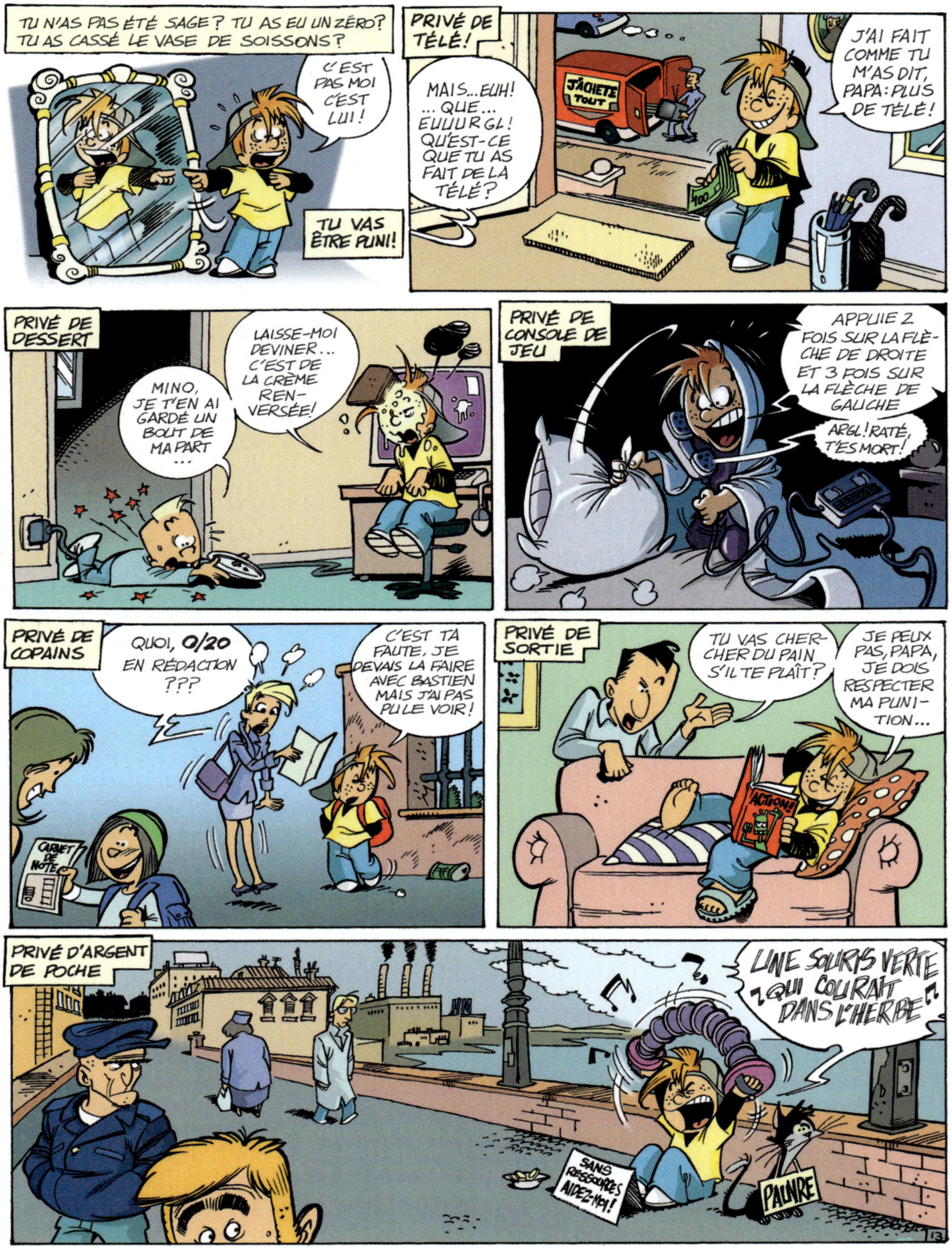

TU N'AS PAS ÉTÉ SAGE ? TU AS EU UN ZÉRO ? TU AS CASSÉ LE VASE DE SOISSONS ?
C'EST PAS MOI C'EST LUI !
TU VAS ÊTRE PUNI !
PRIVÉ DE TÉLÉ !
MAIS... EUH ! ... QUE... EUUURGL ! QU'EST-CE QUE TU AS FAIT DE LA TÉLÉ ?
J'ACHÈTE TOUT
J'AI FAIT COMME TU M'AS DIT, PAPA : PLUS DE TÉLÉ !
PRIVÉ DE DESSERT
MINO, JE T'EN AI GARDÉ UN BOUT DE MA PART...
LAISSE-MOI DEVINER... C'EST DE LA CRÈME RENVERSÉE !
PRIVÉ DE CONSOLE DE JEU
APPUIE 2 FOIS SUR LA FLÈCHE DE DROITE ET 3 FOIS SUR LA FLÈCHE DE GAUCHE
ARGL ! RATÉ, T'ES MORT !
PRIVÉ DE COPAINS
QUOI, 0/20 EN RÉDACTION ???
C'EST TA FAUTE. JE DEVAIS LA FAIRE AVEC BASTIEN MAIS J'AI PAS PU LE VOIR !
CARNET DE NOTE
PRIVÉ DE SORTIE
TU VAS CHERCHER DU PAIN S'IL TE PLAÎT ?
JE PEUX PAS, PAPA, JE DOIS RESPECTER MA PUNITION...
ACTION !
PRIVÉ D'ARGENT DE POCHE
UNE SOURIS VERTE QUI COURAIT DANS L'HERBE
SANS RESSOURCES AIDEZ-MOI !
PAUVRE

LES PUNITIONS HORRIBLES

IL Y A DES PARENTS QUI ONT DE DRÔLES D'IDÉES

LE MÉNAGE DANS TOUTE LA MAISON
MÊME MA CHAMBRE ?
EH BEN ! J'SUIS PAS COUCHÉ !
LES VACANCES AVEC SON PROF DE MATHS
VOUS AVEZ PRIS VOS MAILLOTS DE BAIN ?
ILS N'EN AURONT PAS BESOIN !
GLPS !
PRIVÉ DE TON FEUILLETON PRÉFÉRÉ
TU VAS REGARDER CETTE ÉMISSION FINANCIÈRE, ET APRÈS UN DOCUMENTAIRE SUR LES RHODODENDRONS !
LE RÉGIME SANS SUCRE
BEERRRK !! QU'EST-CE QUE C'EST QUE CES BONBECS POURRIS ?
DES CARAMELS AU POIREAU ! ET TU VAS MANGER TOUT LE PAQUET !
COURIR 3 KM SUR UN PIED
LA PROCHAINE FOIS, CE SERA 5 KM… SUR UNE MAIN !
LA HONTE TOTALE
ET COMMENT, QUE JE VAIS RACONTER ÇA À TES COPAINS ! J'VAIS ME GÊNER !
NON, PAPA, PAS ÇA ! PITIÉÉÉÉ ! JE T'EN SUPPLIE !…

7 FAÇONS D'ÉCHAPPER AUX PUNITIONS

UNE POUR CHAQUE JOUR !

ÊTRE FAUCHÉ
PUISQUE C'EST ÇA, TU ME DONNERAS 5 EUROS PAR MAUVAISE NOTE !
HÉ HÉ, IMPOSSIBLE, J'AI PAS UN ROND !
ÊTRE RICHE
SI TU CONTINUES COMME ÇA, JE TE PRIVE D'ARGENT DE POCHE !
OH LÀ LÀ, QUELLE CATASTROPHE !...
NE PAS AVOIR D'AMIS
ARRÊTEZ, OU BASTIEN NE VIENDRA PLUS JOUER ICI !
TANT MIEUX ! C'EST QU'UN SALE DÉBILE !
DÉBILE TOI-MÊME, ESPÈCE D'ABRUTI !
MENTIR
KEUF KEUF... JE SAIS PAS CE QUI M'ARRIVE... SANS DOUTE UNE ALLERGIE AUX PUNITIONS !
COFF COFF
ROBEY STAR
S'ENFUIR
MINO DEVRAIT ÊTRE LÀ DEPUIS LONGTEMPS. IL A DÛ DEVINER QU'ON VOULAIT LE PUNIR !
COMMENT VEUX-TU QU'IL LE DEVINE ?
ÊTRE INGÉNIEUX
PLANCHE ANTI-CLAQUES
POIREAUX ANTI-CRIS
OREILLER ANTI-FESSÉE
BON... QUESTION LOOK, C'EST PAS LA CLASSE !
ÊTRE SAGE
T'AS PAS ÉTÉ PUNI DEPUIS TROIS MOIS ? MAIS COMMENT TU FAIS ?...
JE M'ENNUIE...
37

7 ASTUCES POUR NE PLUS ÊTRE GRONDÉE

PETIT GUIDE PRATIQUE DES RÉPONSES À TOUT

QUAND TU MONOPOLISES LA SALLE DE BAIN PENDANT DES HEURES
J'AI MES RAGNAGNA !
PARDON, MA NI-NOUTE, JE NE SAVAIS PAS !
PRENDS TOUT TON TEMPS !
QUAND TU TE MAQUILLES TROP
J'AI ESSAYÉ DE REFAIRE LE MAQUILLAGE DE TA PHOTO DE MARIAGE.
TU ÉTAIS SI JOLIE !
QUAND TU AS MANGÉ TOUTES LES FRIANDISES
RAAH !
QUOI ? T'AS MANGÉ TOUS LES GÂTEAUX ET LES BONBONS ?
ILS ALLAIENT S'ABÎMER...
TU M'AS TOUJOURS DIT DE NE PAS GÂCHER !
QUAND TU FOUILLES DANS LES AFFAIRES DE TA MÈRE
JE VÉRIFIAIS LA COULEUR DE TON FOULARD BLEU
EH BIEN IL EST BLEU !
QUAND TU RENTRES EN RETARD
UN EXTRA-TERRESTRE VOULAIT QUE JE LUI INDIQUE LE CHEMIN !
TU PARLES EXTRA-TERRESTRE, TOI ?
QUAND TU TE DISPUTES AVEC TON FRÈRE
C'EST PAS MOI, C'EST LUI ! C'EST PAS MOI, C'EST ELLE !
MAIS FINALEMENT LES « RÉPONSES À TOUT » ADAPTÉES À TOUTES LES SITUATIONS, C'EST...
EXCUSEZ-MOI...
JE SUIS VRAIMENT DÉSOLÉE...
PARDON !

QUAND FAUT-IL SANCTIONNER LES PARENTS ?

LES OCCASIONS NE MANQUENT PAS

QUAND ILS SE FÂCHENT SANS SAVOIR CE QUI SE PASSE
BIP ! BIP ! BOP !
LÂCHE ÇA ! DÉGAGE !
MINO ! NE CRIE PAS APRÈS LOULOU !
QUAND ILS SONT INJUSTES
BIP !
MAIS C'EST LUI QUI M'EMBÊTE !
ET ALORS, C'EST PAS UNE RAISON ! TU L'EMBÊTES BIEN TOI AUSSI DES FOIS !
QUAND ILS SE MÊLENT DE CE QUI NE LES REGARDE PAS
ZOUP ! PONK !
QU'EST-CE QUI SE PASSE ICI ?
MINO, TU ARRÊTES TON CIRQUE !
QUAND ILS DISENT N'IMPORTE QUOI
BOP !
MAIS J'AI RIEN FAIT...
J'VAIS TE METTRE LA TÊTE ENTRE LES DEUX OREILLES, SI ÇA CONTINUE !
QUAND ILS SONT INSENSIBLES
BOUAAAAAH
OH ARRÊTE DE PLEURER, ÇA N'EN VAUT PAS LA PEINE !
QUAND ILS SONT ÉNERVANTS
ET PUIS AU LIEU DE JOUER À LA CONSOLE, TU FERAIS MIEUX DE TRAVAILLER.
T'AS EU DES NOTES AUJOURD'HUI ?
QUAND ILS CROIENT AVOIR RAISON (COMME TOUJOURS)
J'AI EU UN 17 ET UN 18. ET J'AI FINI TOUS MES DEVOIRS...
BIF ! PAK ! SHLANG !
ET TOC ! TU LEUR CLOUES LE BEC !

QUAND FAUT-IL PUNIR TON PROF ?

PAS DE PITIÉ !

QUAND IL EST EN RETARD
IL EST 9 H 00 PASSÉ DE 17 SECONDES, VOUS N'AVEZ PAS DE MONTRE ?
MAINTENANT, C'EST TROP TARD POUR COMMENCER LE COURS !
TAP! TAP!
QUAND IL SE TROMPE
MINO, TU AS 5/20...
IMPOSSIBLE ! VOUS AVEZ DÛ OUBLIER LE 1 DEVANT !
QUAND IL NE SAIT PAS SON COURS
AUJOURD'HUI, POUR LA RÉDACTION, VOUS AVEZ SUJET LIBRE.
AYEZ AU MOINS LE COURAGE D'AVOUER QUE VOUS N'AVEZ RIEN PRÉPARÉ !
QUAND IL N'EST PAS POLI
ON PEUT VOIR URANUS DEPUIS LE LAC TITICACA.
ANUS, CACA, ET POURQUOI PAS TROU DE BALLE, TANT QUE VOUS Y ÊTES ?
QUAND IL BAVARDE TROP
MAÎTRE RENARD SUR UN ARBRE PERCHÉ, TENAIT DANS SON BEC UN FROMAGE. MAÎTRE CORBEAU PAR L'ODEUR ALLÉCHÉ, LUI TINT À PEU PRÈS CE LANGAGE, OH OH...
SUPER ROBE... SOLDES MONSTRES... CHAUSSURES...
VOUS POUVEZ PAS VOUS TAIRE CINQ MINUTES ? ON N'ENTEND QUE VOUS !
QUAND IL VEUT TE PUNIR
MINO, 100 LIGNES
ET VOUS, 200 !
300 LIGNES !
500 !
1000 !
2000 en écriture gothique !
40

QUELQUES PUNITIONS POUR LES PARENTS

S'ILS NE SONT PAS SAGES

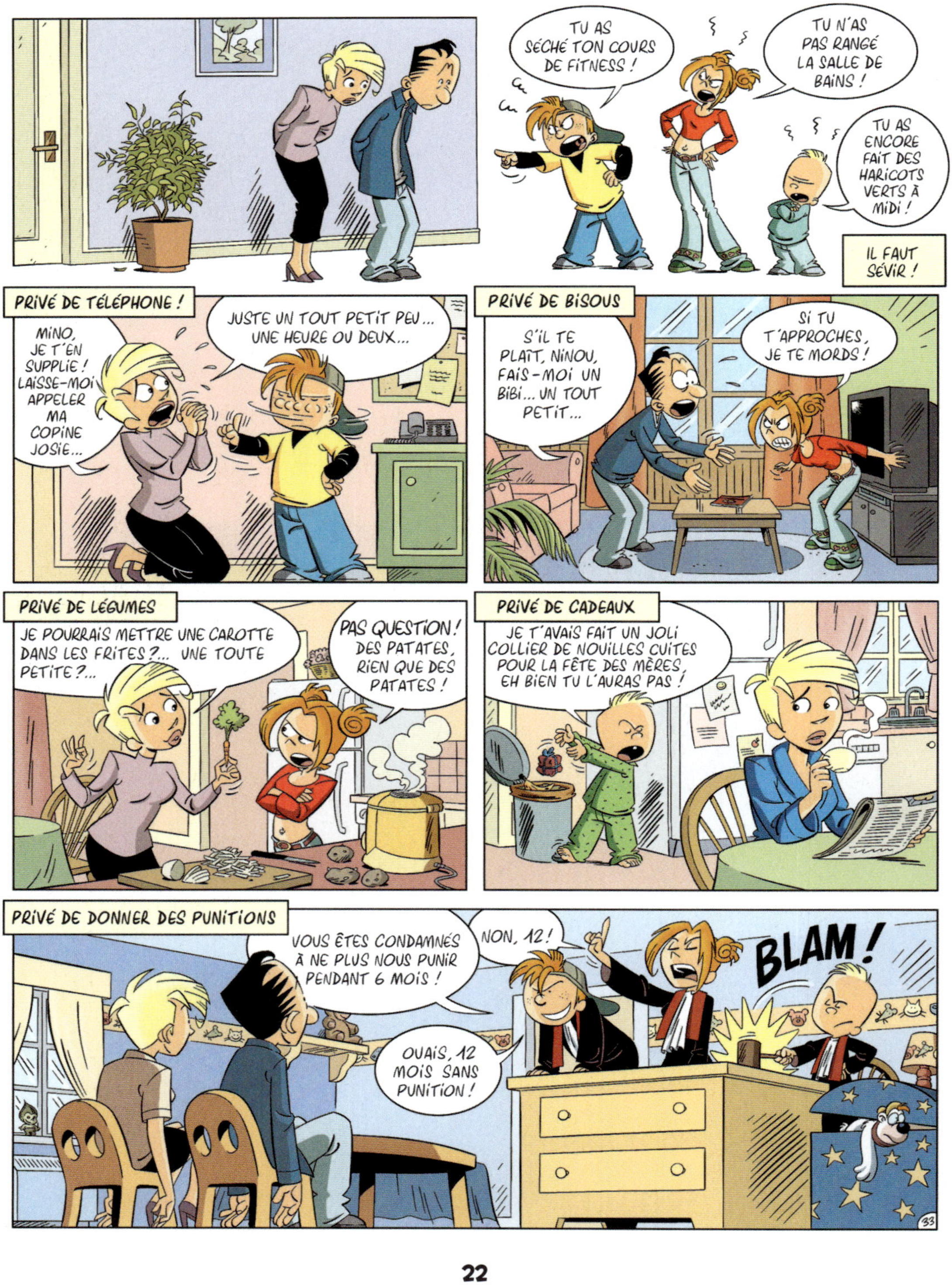

TU AS SÉCHÉ TON COURS DE FITNESS !
TU N'AS PAS RANGÉ LA SALLE DE BAINS !
TU AS ENCORE FAIT DES HARICOTS VERTS À MIDI !
IL FAUT SÉVIR !
PRIVÉ DE TÉLÉPHONE !
MINO, JE T'EN SUPPLIE ! LAISSE-MOI APPELER MA COPINE JOSIE...
JUSTE UN TOUT PETIT PEU... UNE HEURE OU DEUX...
PRIVÉ DE BISOUS
S'IL TE PLAÎT, NINOU, FAIS-MOI UN BIBI... UN TOUT PETIT...
SI TU T'APPROCHES, JE TE MORDS !
PRIVÉ DE LÉGUMES
JE POURRAIS METTRE UNE CAROTTE DANS LES FRITES ?... UNE TOUTE PETITE ?...
PAS QUESTION ! DES PATATES, RIEN QUE DES PATATES !
PRIVÉ DE CADEAUX
JE T'AVAIS FAIT UN JOLI COLLIER DE NOUILLES CUITES POUR LA FÊTE DES MÈRES, EH BIEN TU L'AURAS PAS !
PRIVÉ DE DONNER DES PUNITIONS
VOUS ÊTES CONDAMNÉS À NE PLUS NOUS PUNIR PENDANT 6 MOIS !
NON, 12 !
BLAM !
OUAIS, 12 MOIS SANS PUNITION !
33

QUELQUES PUNITIONS POUR LES PROFS

TU VAS LEUR EN FAIRE BAVER !

PRIVÉ D'ÉCOLE
PAS QUESTION DE RENTRER ! RETOURNEZ CHEZ VOUS !
QU'EST-CE QU'ON A FAIT ?
FAITES PAS L'INNOCENT, VOUS LE SAVEZ TRÈS BIEN !
PRIVÉ D'ÉLÈVES
BOF, ÇA NE ME CHANGE PAS BEAUCOUP DE PARLER DANS LE VIDE...
PRIVÉ DE NOTES
EH BIEN, IL N'Y A RIEN D'ÉCRIT SUR TON BULLETIN ?!
OUI, C'EST COOL, HEIN ?
PRIVÉ DE COURS
VOUS ALLEZ VOIR CE QUE VOUS ALLEZ VOIR QUAND MA PUNITION SERA LEVÉE !
VOUS ALLEZ ENTENDRE PARLER DE MOI, JE VOUS LE GARANTIS !
PRIVÉ DE DEVOIRS
MAIS QU'EST-CE QUI SE PASSE, ÇA FAIT PLUS DE 3 SEMAINES QUE TU N'AS PAS DE TRAVAIL À FAIRE À LA MAISON ?!
C'EST LE PROF QUI N'A PAS ASSURÉ, ON A ÉTÉ OBLIGÉS DE SÉVIR !
ET SI LE PROF NE COMPREND TOUJOURS PAS, EMPLOIE LES GRANDS MOYENS
VOUS RECOPIEREZ 20 FOIS LA LEÇON DE GÉO D'AUJOURD'HUI !
SANS FAUTES ET SANS RATURES, SINON ON DOUBLE LA PUNITION !

CODE DE BONNE CONDUITE À DESTINATION DES PARENTS !

16 PANNEAUX DE SIGNALISATION

DES PANNEAUX À LEUR COLLER SOUS LE NEZ À TOUTES OCCASIONS ! APRÈS, ILS NE VIENDRONT PLUS DIRE QUE TU LEURS PARLE PAS !

SILENCE ! JE DORS !

DANGER LÉGUMES !

LAISSEZ-MOI SORTIR !

NOTES EN BAISSE
ÉVITER LE SUJET !

SUR LA PORTE DE TA CHAMBRE

CODE DE **BONNE CONDUITE**
À DESTINATION DES PARENTS !

NE ME CHERCHEZ PAS,
CE SOIR JE DÉCOUCHE !

CODE DE **BONNE CONDUITE**
À DESTINATION DES PARENTS !

BÊTISE EN VUE
SAUVEZ-VOUS !

INTERDIT DE STATIONNER
DANS MA CHAMBRE

NE PAS CRIER PLUS FORT
QUE 90 DÉCIBELS

ATTENTION !
CHAMBRE EN FOUILLIS

À AFFICHER DANS LE SALON !

CODE DE **BONNE CONDUITE**
À DESTINATION DES PARENTS !

JE SUIS PRIORITAIRE SUR LA TÉLÉ !

COMMENT UTILISER CES PANNEAU ? FACILE !

TU LES DÉCOUPES, TU LES COPIES, TU LES AGRANDIS (TU TE DÉBROUILLES !). ET SELON TON HUMEUR, TU COLLES CELUI QUI CE CONVIENT SUR LA PORTE DE TA CHAMBRE, SUR TON CARTABLE, DANS LA SALLE DE BAIN... N'IMPORTE OÙ, C'EST COMME TU VEUX !

CODE DE BONNE CONDUITE À DESTINATION DES PARENTS !

PRIÈRE DE ME DONNER MON ARGENT DE POCHE

PRÉSENCE DES PARENTS **AUTORISÉE**

INDISPENSABLE !

ALIMENTS À BASE DE POISSON **INTERDITS !**

BESOIN D'UN PARENT **D'URGENCE !**

INTERDIT DE ME PRENDRE POUR UN BÉBÉ

QUAND TU APPELLES TES AMI(E)S

CODE DE **BONNE CONDUITE**
À DESTINATION DES PARENTS !

TÉLÉPHONE OCCUPÉ !
NE PAS DÉRANGER !

LES DÉFAUTS DES PARENTS

1. ILS SONT BOURRÉS DE CONTRADICTION

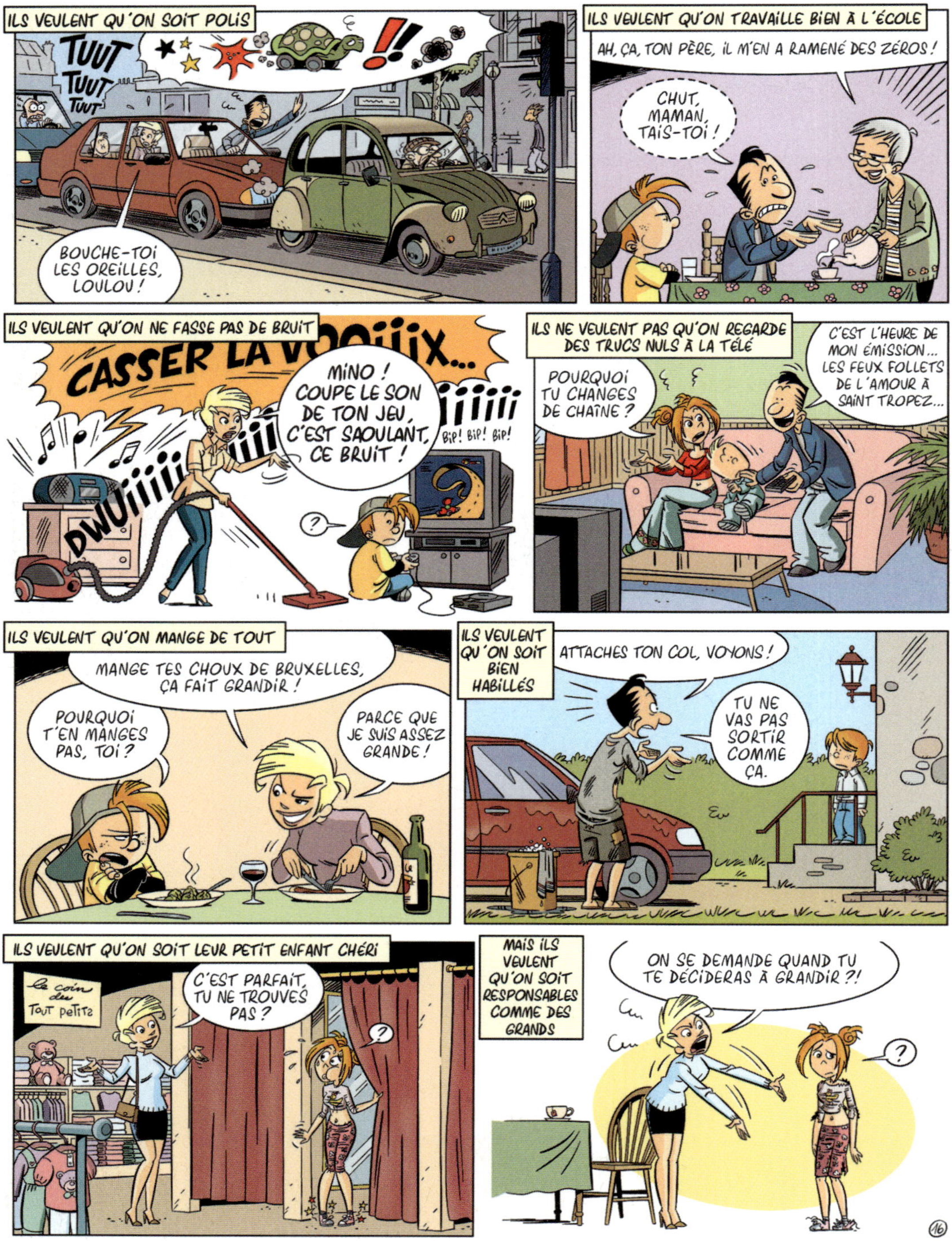

ILS VEULENT QU'ON SOIT POLIS
TUUT TUUT TUUT
BOUCHE-TOI LES OREILLES, LOULOU !
ILS VEULENT QU'ON TRAVAILLE BIEN À L'ÉCOLE
AH, ÇA, TON PÈRE, IL M'EN A RAMENÉ DES ZÉROS !
CHUT, MAMAN, TAIS-TOI !
ILS VEULENT QU'ON NE FASSE PAS DE BRUIT
CASSER LA VOOiiiX...
MINO ! COUPE LE SON DE TON JEU, C'EST SAOULANT, CE BRUIT !
DWUiiiii
iiiii
BiP ! BiP ! BiP !
?
ILS NE VEULENT PAS QU'ON REGARDE DES TRUCS NULS À LA TÉLÉ
POURQUOI TU CHANGES DE CHAÎNE ?
C'EST L'HEURE DE MON ÉMISSION... LES FEUX FOLLETS DE L'AMOUR À SAINT TROPEZ...
ILS VEULENT QU'ON MANGE DE TOUT
MANGE TES CHOUX DE BRUXELLES, ÇA FAIT GRANDIR !
POURQUOI T'EN MANGES PAS, TOI ?
PARCE QUE JE SUIS ASSEZ GRANDE !
ILS VEULENT QU'ON SOIT BIEN HABILLÉS
ATTACHES TON COL, VOYONS !
TU NE VAS PAS SORTIR COMME ÇA.
ILS VEULENT QU'ON SOIT LEUR PETIT ENFANT CHÉRI
le coin des TOUT petits
C'EST PARFAIT, TU NE TROUVES PAS ?
?
MAIS ILS VEULENT QU'ON SOIT RESPONSABLES COMME DES GRANDS
ON SE DEMANDE QUAND TU TE DÉCIDERAS À GRANDIR ?!
?
16

LES DÉFAUTS DES PARENTS

2. ILS NOUS FOUTENT LA HONTE !

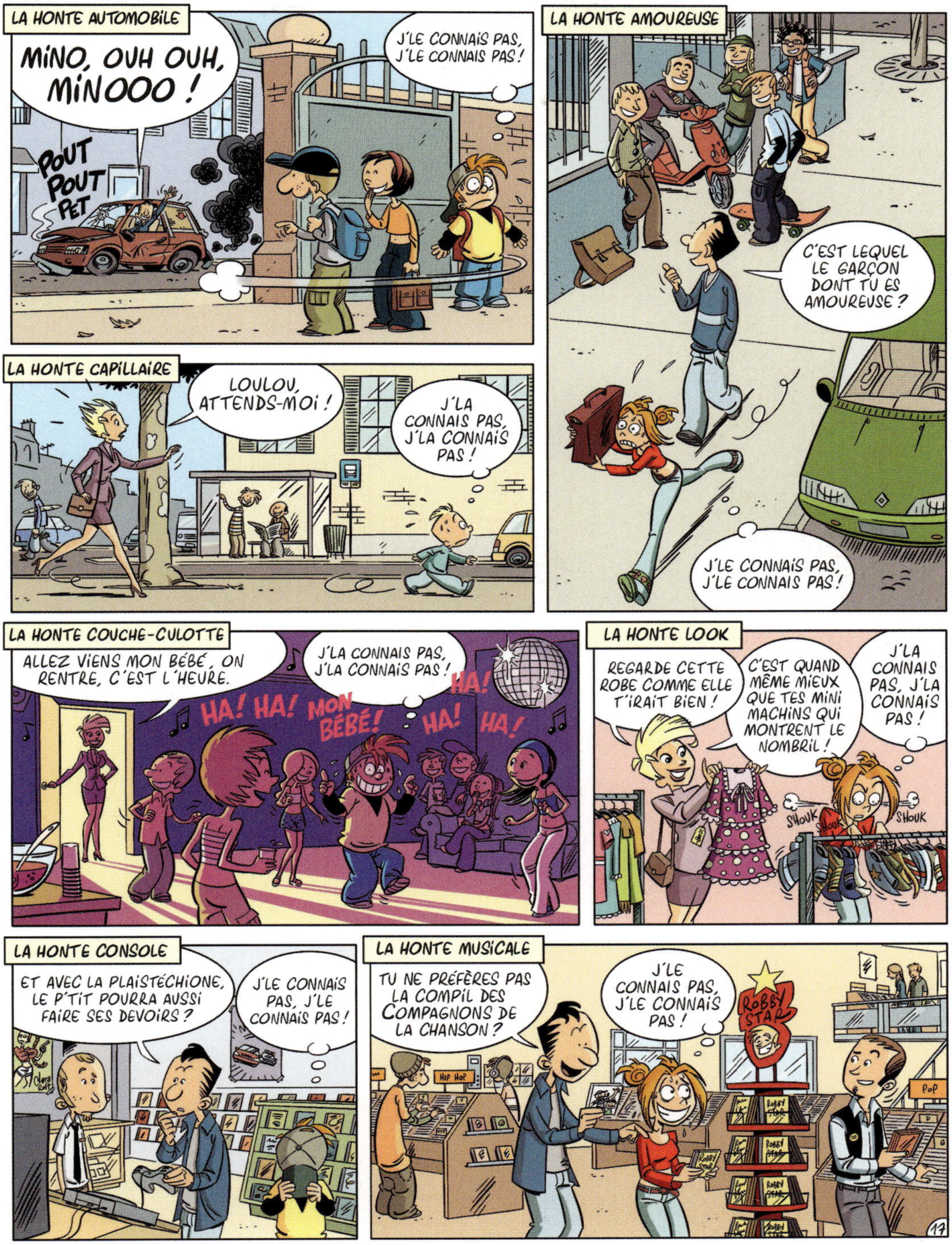
LA HONTE AUTOMOBILE
MINO, OUH OUH, MINOOO !
POUT POUT PET
J'LE CONNAIS PAS, J'LE CONNAIS PAS !
LA HONTE AMOUREUSE
C'EST LEQUEL LE GARÇON DONT TU ES AMOUREUSE ?
J'LE CONNAIS PAS, J'LE CONNAIS PAS !
LA HONTE CAPILLAIRE
LOULOU, ATTENDS-MOI !
J'LA CONNAIS PAS, J'LA CONNAIS PAS !
LA HONTE COUCHE-CULOTTE
ALLEZ VIENS MON BÉBÉ, ON RENTRE, C'EST L'HEURE.
J'LA CONNAIS PAS, J'LA CONNAIS PAS !
HA! HA! MON BÉBÉ! HA! HA! HA!
LA HONTE LOOK
REGARDE CETTE ROBE COMME ELLE T'IRAIT BIEN !
C'EST QUAND MÊME MIEUX QUE TES MINI MACHINS QUI MONTRENT LE NOMBRIL !
J'LA CONNAIS PAS, J'LA CONNAIS PAS !
SHOUK SHOUK SHOUK
LA HONTE CONSOLE
ET AVEC LA PLAISTÉCHIONE, LE P'TIT POURRA AUSSI FAIRE SES DEVOIRS ?
J'LE CONNAIS PAS, J'LE CONNAIS PAS !
LA HONTE MUSICALE
TU NE PRÉFÈRES PAS LA COMPIL DES COMPAGNONS DE LA CHANSON ?
J'LE CONNAIS PAS, J'LE CONNAIS PAS !
HIP HOP
ROBBY STAR
POP
17

TOUS LES MENSONGES DES PARENTS

HOOO... LES MENTEURS !

SI TU LOUCHES TU VAS RESTER COMME ÇA TOUTE TA VIE
ARRÊTEZ OU J'EN PRENDS UN POUR TAPER SUR L'AUTRE
SI TU NE RANGES PAS TES JOUETS, JE VAIS LE FAIRE MOI-MÊME !
AAARGL !
SI TU NE TRAVAILLES PAS BIEN À L'ÉCOLE, TU FINIRAS CLOCHARD
À VOT'BON CŒUR M'SIEUR DAME !
GLING GLING
J'AI FAIM
TON DESSIN EST VRAIMENT MAGNIFIQUE
LOULOU
SI VOUS CONTINUEZ À HURLER, JE VOUS ABANDONNE SUR LA ROUTE
? ? ? ?
VRRRRRRR
SI TU MANGES TA SOUPE, TU SERAS BEAU ET FORT
SI TU N'ES PAS SAGE, TU N'AURAS PAS DE CADEAUX À NOËL
MINO
COCOT
NONIN
15

NON, LES ADULTES NE SONT PAS PARFAITS !

ENCORE DES MENSONGES DE PARENTS

ET ÇA CONTINUE ! AH LA LA, ILS SONT INCROYABLES !

MAIS SI, LES VÊTEMENTS DE TA SŒUR TE VONT TRÈS BIEN !
N'AVALE PAS TON CHEWING-GUM OU TU NE POURRAS PLUS FAIRE CACA !
HELP!
C'EST BEAU CETTE MUSIQUE QUE TU JOUES...
NE SAUTE PAS COMME ÇA, TU VAS PASSER À TRAVERS LE PLANCHER !
TAP! TAP! TAP! TAP!
QUAND VOUS SEREZ GRANDS, VOUS POURREZ FAIRE CE QUE VOUS VOULEZ !
GOW GOW GOW
BLA BLi BLA BLA BLi BLi
ARRÊTE DE MENTIR, SINON TON NEZ VA S'ALLONGER !
Cui?
LE PÈRE NOËL N'EXISTE PAS
Cinéma
GLiNG! GLiNG!
Rabais Fous
Z'ÊTES QUE DES MENTEURS, C'EST MÊME PAS VRAi !

LA VÉRITÉ SUR LES PARENTS

1. TOUS DES FROUSSARDS !

TANDIS QUE LES ENFANTS SONT SOURIANTS, DÉTENDUS, CALMES...
LES PARENTS ONT TOUT LE TEMPS PEUR !
PEUR QUE TU TE FASSES MAL
AAAARG !
NE L'EFFRAIE PAS, IL RISQUE DE TOMBER.
PEUR QUE TU CASSES QUELQUE CHOSE
POC
YESSS !
BOP !
PEUR QUE TU SOIS TRISTE
LAISSE ! JE VAIS ÉPLUCHER LES OIGNONS !
ÇA ME REND MALHEUREUSE DE TE VOIR PLEURER COMME ÇA...
?
PEUR QUE TU SOIS MALADE
ALORS ? COMMENT TU TROUVES LA NOUVELLE DÉCO DE TA CHAMBRE ?
PEUR QUE TU NE LES AIMES PLUS
Y'EN A MARRE ! TU M'AVAIS PROMIS QU'ON IRAIT À LA PISCINE !
MINOOOO, PITIÉ, SOIS PAS FÂCHÉ APRÈS MOI !

LA VÉRITÉ SUR LES PARENTS

2. CE QU'ILS VOUDRAIENT...

NE JAMAIS ÊTRE INQUIETS
JE VAIS CHEZ JULIE.
ON PRÉFÉRERAIT QUE TU NE SORTES PAS... COMME ÇA TU SERAS À L'HEURE POUR RENTRER !
NE JAMAIS AVOIR HONTE
BONJOUR MADAME POIROT QUI FAIT DES ROTS...
EXCUSEZ-LE !
HEM HEM...
JE NE SAIS PAS OÙ IL VA CHERCHER TOUT ÇA !
NE JAMAIS AVOIR PEUR
MAIS PAPA, JE PEUX ALLER À L'ÉCOLE TOUTE SEULE QUAND MÊME !
AVEC LES FOUS QU'IL Y A SUR LA ROUTE ? INCONSCIENTE !
NE JAMAIS TE GRONDER
TU AS DÉCIDÉ DE ME FAIRE TOURNER EN BOURRIQUE ? C'EST ÇA ?
NE HURLE PAS APRÈS LUI, ÇA NE SERT À RIEN !
MAMAN, NE CRIE PAS APRÈS PAPA !
SILENCE !
QUE TU NE GRANDISSES PAS TROP VITE
ALORS ? ET CETTE FOIS-CI, ELLE TE PLAÎT LA NOUVELLE DÉCO DE TA CHAMBRE ?
LES PARENTS SERAIENT ALORS LES PLUS HEUREUX DU MONDE
...RASSURÉS D'AVOIR DES ENFANTS SAGES COMME DES IMAGES !...
13

QUE DISENT LES PARENTS QUAND ILS PUNISSENT ?

N'IMPORTE QUOI, ILS DISENT N'IMPORTE QUOI !

LA PHRASE MÉCHANTE
BIEN FAIT POUR TOI ! ÇA T'APPRENDRA À FAIRE ATTENTION !
LA LEÇON DE MORALE
QUAND DONC TE DÉCIDERAS-TU À AGIR COMME UN ADULTE ?
JOUJOU
PAPA
QUAND J'AURAI 20 ANS, PAPA !
LE MENSONGE INCROYABLE
SI J'AVAIS FAIT UNE BÊTISE PAREILLE, MON PÈRE M'AURAIT CREVÉ LES YEUX AVEC DES FRITES !
C'EST N'IMPORTE QUOI, DE GÂCHER DES FRITES !
POLICE DE LA ROUTE
LA MENACE IMPOSSIBLE
SI TU RAMÈNES PAS UN 18 EN MATHS, AU MINIMUM, JE TE JETTE PAR LA FENÊTRE !
TROP GÉNIAL ! JE VAIS POUVOIR TESTER MON COSTUME DE SUPERMAN !
LE MANQUE D'IMAGINATION
OUAIS, EH BIEN JE TE PRÉVIENS, SI TU RECOMMENCES, MOI AUSSI JE RECOMMENCE !
TU VAS REFAIRE DES CRÊPES ? SUPER !
36
LA SOLUTION DE FACILITÉ
POUR AUJOURD'HUI, JE DIS RIEN MAIS LA PROCHAINE FOIS TU VAS VOIR !
AH MAIS !
'TE BILE PAS, ÇA FAIT DIX ANS QU'IL ME RÉPÈTE LA MÊME CHOSE !

MÉFIE-TOI DU SIXIÈME SENS DES PARENTS !

C'EST VRAI, QUOI, LES GRANDS SAVENT TOUJOURS QUAND'Y A UNE BÊTISE !

TU CROIS ÊTRE TRANQUILLE ? TU ES SÛR DE NE PAS TE FAIRE ATTRAPER ?
ZZZZZZZ
PRÊT ?
ERREUR !
LES PARENTS ONT DES ESPIONS PARTOUT
...ILS ONT ALLUMÉ UNE ALLUMETTE ET BAOUM !...
QU'EST-CE QU'IL A EU PEUR CE PAUVRE MONSIEUR !
ILS SONT ALLIÉS À DES PUISSANCES SECRÈTES
LÂCHEZ-MOI TOUT DE SUITE OU JE PORTE PLAINTE !
ILS ONT SUIVI DES COURS AVEC SHERLOCK HOLMES
EXCUSEZ-MOI... PFFF... LE BUS A PRIS DU RETARD...
AH BON ?... C'EST ÉTRANGE...
IL Y A DE LA TERRE SUR TES CHAUSSURES, DONC TU ES PASSÉE PAR LA COULÉE VERTE, DONC TU N'AS PAS PRIS LE BUS MAIS TU ES ALLÉE MANGER UN GÂTEAU CHEZ JULIE. D'AILLEURS, IL Y A ENCORE DES MIETTES SUR TON MANTEAU !
BREF, LES PARENTS ONT UN TROISIÈME ŒIL
TOI, T'AS ENCORE FAIT UNE BÊTISE !
BEN, EUH, NON... POURQUOI TU DIS ÇA ?... NON...
JE TE CONNAIS COMME SI JE T'AVAIS FAIT !
ET N'OUBLIE PAS : TU PEUX ÊTRE TRAHI PAR N'IMPORTE QUI...
RACONTE-MOI ENCORE CE QUE VOUS AVEZ FAIT AVEC LES PÉTARDS...
FROTTE FROTTE
ÇA VOUS AMUSE ? MINO DISAIT QUE VOUS ALLIEZ HURLER !
...MÊME PAR TOI-MÊME !
C'EST PAS TOI QUI AS PRIS MON SAC À MAIN ? TU ES SÛRE ?
OUI, PUISQUE JE TE LE DIS !
21

LES SUPER-POUVOIRS DES PARENTS

SUPER-HÉROS OU SUPER-ZÉROS ?

ILS ONT DES YEUX DERRIÈRE LA TÊTE.
NINOU ! JE T'AI DIT DE MANGER TOUT CE QU'IL Y A DANS TON ASSIETTE !
GLPS !
ILS PEUVENT CONDUIRE PENDANT DES HEURES
ON EST BIENTÔT ARRIVÉS ?
NOOOON ! ÇA FAIT VINGT FOIS QUE TU ME LE DEMANDES !
ILS CONNAISSENT LEURS TABLES DE MULTIPLICATION PAR CŒUR
PAPA, TU ME DONNES 20 EUROS POUR M'ACHETER 6 CHEWING-GUMS?
DIS DONC, 6 CHEWING-GUMS À 50 CENTIMES ÇA FAIT PAS 20 EUROS !
AH BON ?
ILS FONT LE MÉNAGE SANS QU'ON LE LEUR DEMANDE
V'LÀ QUE LEUR CRISE DE NETTOYAGE LES REPREND !
TU F'RAIS MIEUX D'ALLER TE LAVER AVANT QU'ILS S'OCCUPENT DE TOI !
ILS PEUVENT RESTER TRÈS TRÈS LONGTEMPS À TABLE
ET BLA ET BLA ET BLA BLA BLA
...ET EN PLUS, ILS MANGENT DES TRUCS IGNOBLES !
ILS NE SUPPORTENT PAS LES BÊTISES
MAIS C'EST PAS VRAI ! VOUS NE POUVEZ PAS RESTER UNE JOURNÉE SANS FAIRE DE CONNERIES ?!
QU'EST-CE QU'ON A FAIT POUR AVOIR DES ENFANTS PAREILS ?...
ET DIRE QU'ON LES ADORE !

NON, LES ADULTES NE SONT PAS PARFAITS !

LES ADULTES FONT-ILS DES BÊTISES ?

OH OUI ALORS !

REGARDE-LES : ILS PARAISSENT IRRÉPROCHABLES !
VOUS DEVEZ ÊTRE POLIS, VOUS DEVEZ BIEN VOUS TENIR, VOUS DEVEZ ÊTRE SAGES, VOUS NE DEVEZ PAS MENTIR...
ET POURTANT...
ILS NE RESPECTENT PAS TOUJOURS LE CODE DE LA ROUTE
...DÉSOLÉ, MONSIEUR, LE RADAR NE PEUT PAS SE TROMPER...
POLICE
ILS NE SURVEILLENT PAS LEUR LANGAGE
CRASH
ILS MENTENT
À TON ÂGE, SI J'AVAIS RAMENÉ DES NOTES COMME LES TIENNES, J'AURAIS ÉTÉ PRIVÉ DE MANGER PENDANT 8 JOURS !
ILS TRICHENT
ET SI TU OUBLIAIS DE DIRE AUX IMPÔTS QUE TU AS ÉTÉ AUGMENTÉE ?
BONNE IDÉE !
ILS FONT DES GAFFES
C'EST QUOI ?
C'ÉTAIT LA ROBE DE SOIRÉE DE MAMAN.
ILS SE CROIENT TOUT PERMIS
QU'EST-CE QUE C'EST QUE CE FOUILLIS DANS VOTRE CHAMBRE ?
DE QUOI TU TE MÊLES, MINO ?
OUAIS, ON FAIT CE QU'ON VEUT, D'ABORD !
26

TEST

TES PARENTS SONT-ILS COOLS ?

TES PARENTS SONT-ILS UN PEU, BEAUCOUP OU PAS DU TOUT COOL ?

FAIS CE TEST POUR LE SAVOIR...

1 8 H 25, TON RÉVEIL N'A PAS SONNÉ ET TES COURS COMMENCENT DANS 5 MINUTES...

A. TA MÈRE TE DIT QUE CE N'EST PAS GRAVE, ELLE VA TE FAIRE UN MOT D'EXCUSE POUR NE PAS ALLER À L'ÉCOLE AUJOURD'HUI. **2 POINTS**

B. TON PÈRE HURLE, TE TRAITE D'IRRESPONSABLE ET TE DIT QU'ON NE PEUT JAMAIS TE FAIRE CONFIANCE. **3 POINTS**

C. IL N'Y A PERSONNE CHEZ TOI POUR TE RÉVEILLER, TU DORS JUSQU'À MIDI. **1 POINT**

ENCORE EN RETARD ?! C'EST PAS POSSIBLE QU'EST-CE QUE T'AS FAIT ?

2 SAMEDI SOIR, C'EST LA FÊTE CHEZ MAXIME. TU DEMANDES L'AUTORISATION DE SORTIR...

C'EST À CETTE HEURE-CI QUE VOUS RENTREZ ?
VOUS AVIEZ DIT 22 HEURES, VOUS AVEZ 2 HEURES DE RETARD !
ON NE PEUT PAS VOUS FAIRE CONFIANCE !

A. TA MÈRE REFUSE CATÉGORIQUEMENT. IL EST HORS DE QUESTION QUE TU SORTES APRÈS 8 H DU SOIR. **3 POINTS**

B. TON PÈRE SE DEMANDE POURQUOI TU LEUR POSES LA QUESTION PUISQU'ILS TE LAISSENT TOUTE LIBERTÉ DEPUIS QUE TU AS 12 ANS. **2 POINTS**

C. TA MÈRE TE DONNE UN SAC À PROVISIONS POUR QUE TU LUI RAPPORTES DES PETITS FOURS. **1 POINT**

3 TU N'AS PAS FAIT TA DISSERTATION, DONC TU AS CHOPÉ TROIS HEURES DE COLLE...

A. TON PÈRE TE DIT QUE LUI NON PLUS IL NE FAISAIT PAS SES DISSERT' ET QUE ÇA NE L'A PAS EMPÊCHÉ DE DEVENIR CADRE SUPÉRIEUR À LA BANQUE FLOUZE AND CO. **2 POINTS**

B. TROIS HEURES DE COLLE ? AVEC UNE CONSOLE, ON N'A MÊME PAS LE TEMPS DE LES VOIR PASSER. **1 POINT**

C. TA MÈRE TE PRIVE DE SORTIES, D'ARGENT DE POCHE ET DE TÉLÉ POUR TROIS SEMAINES. **3 POINTS**

BULLETIN

4 OH LA LA, CE TEE-SHIRT MIKE, IL EST TROP BEAU. IL TE LE FAUT ABSOLUMENT...

A. TES PARENTS TE DONNENT L'ARGENT ET TU T'ACHÈTES UN JEU VIDÉO AVEC. **1 POINT**

B. TON PÈRE TE DONNE UNE ÉPONGE ET UN SEAU D'EAU ET TE DIT QU'IL TE L'ACHÈTERA CONTRE QUATRE LAVAGES DE SON 4X4. **3 POINTS**

C. TA MÈRE LE COMMANDE ILLICO SUR INTERNET AVEC LIVRAISON EXPRESS EN 24 HEURES. **2 POINTS**

MON PETIT PAPA ADORÉ, SI TU POUVAIS M'AIDER, TU SERAIS LE PLUS CHOU DES PETITS PAPAS ADORÉS...
QU'EST-CE QUI T'ARRIVE, MA JOLIE ?

TEST

5 TON MEILLEUR COPAIN OU TA MEILLEURE AMIE VIENT CHEZ TOI...

DANGER
SI VOUS ENTREZ... C'EST À VOS RISQUES ET PÉRILS !
INTERDIT AUX ADULTES
OUSTE !
DÉGUERPISSEZ !
MEOW ?
GRAT GRAT
FRAPPEZ AVANT D'ENTRER

A. TA MÈRE EN PROFITE POUR ALLER FAIRE DES COURSES ET VOUS RAPPORTER UN GROS PAQUET DE CHAMALLOW. **2 POINTS**

B. TON PÈRE NE VOUS LÂCHE PAS D'UNE SEMELLE POUR ÉCOUTER TOUT CE QUE VOUS VOUS RACONTEZ. **3 POINTS**

C. TON INVITÉ DÉBARQUE AVEC UNE DOUZAINE D'AUTRES AMIS ET METTENT TES PARENTS À LA PORTE. **1 POINT**

6 AU PROGRAMME TÉLÉ CE SOIR, UN FILM RUSSE DES ANNÉES 20 OU LA NOUVELLE STAR ACADEMY...

A. TA MÈRE CHOISIT LE FILM RUSSE CAR IL EST SOUS-TITRÉ EN ANGLAIS ET ÇA TE FERA RÉVISER. **3 POINTS**

B. TON PÈRE CHOISIT LA NOUVELLE STAR ACADEMY CAR IL Y A UNE PETITE CHANTEUSE SUPER MIGNONNE TOUJOURS TRÈS SEXY. **2 POINTS**

C. PERSONNE NE REGARDE LA TÉLÉ, TU DOIS FINIR LE QUATRIÈME NIVEAU DE DEVIL CARNAGE ULTIMATE IV. **1 POINT**

PAS QUESTION, C'EST TROP DÉBILE !
ÇA VA TE FAIRE COUCHER TROP TARD !
TV GUIDE

RÉSULTATS

TU AS DE 0 À 6 POINTS

TES PARENTS SE MOQUENT COMPLÈTEMENT DE CE QUE TU FAIS, IL N'EN ONT RIEN À FAIRE DE TA VIE ET DE TES PROBLÈMES. BREF, ILS SONT UN PEU TROP COOLS.

TU AS DE 7 À 12 POINTS

TES PARENTS TE LAISSENT FAIRE TOUT CE QUE TU VEUX, ILS RÉPONDENT AU MOINDRE DE TES DÉSIRS, ILS NE TE REPROCHENT JAMAIS RIEN. BREF, ILS SONT BEAUCOUP COOLS. UN PEU TROP PEUT-ÊTRE.

TU AS DE 13 À 18 POINTS

TES PARENTS NE TE LAISSENT RIEN FAIRE, ILS SONT TOUJOURS SUR TON DOS, ILS T'EMPÊCHENT DE VIVRE COMME TU EN AS ENVIE. BREF, ILS NE SONT PAS DU TOUT COOLS.

TROP NUL LES REPAS !

MATIN, MIDI ET SOIR ! INFERNAL !

IL NE FAUT PAS METTRE SES COUDES SUR LA TABLE.
ET COMME ÇA ÇA VA ?
MANGER DE TOUT.
QUI VEUT DES BROCOLIS ?
NON MERCI, J'AI ENCORE DES HARICOTS VERTS !
HIHI MOI AUSSI ! HI HI !
NE PAS MANGER AVEC LES DOIGTS.
MOI AUSSI, JE VEUX ESSAYER !
NE PAS PARLER LA BOUCHE PLEINE.
ET PUIFFT PASTIEN Y' M'A PRÊTÉ SA GAME BWPOY PFFFT !
BWESSS QUE FFFTU FIS !
NE PAS FAIRE DU BRUIT EN MANGEANT.
SLUURP
NON, JE NE SUIS PAS DANS UN SOUS-MARIN, POURQUOI ?
BLOUB
NE PAS JOUER AVEC LA NOURRITURE.
TOUCHÉ !
COULÉ !
BIEN DÉBARRASSER LA TABLE APRÈS MANGER.
... LÀ, VAUT MIEUX DÉBARRASSER LE PLANCHER !

TOUT CE QU'IL NE FAUT PAS FAIRE À TABLE

MIAM MIAM, ELLES SONT BIEN BONNES !

LA SCULPTURE DE PURÉE
MANGE AU LIEU DE JOUER !
AH NON, JE VEUX PAS LA CASSER !
LA CATAPULTE
MAIS DIS-LEUR D'ARRÊTER, ENFIN !
JE VAIS ATTENDRE QUE ÇA SE CALME...
YEAH!
HAUT LES MAINS!
RATÉ!
LE BAS-RELIEF
MAIS...?!! QU'EST-CE QUE T'AS FAIT À TON FRÈRE ?
DE L'ART, MAMAN, C'EST DE L'ART !
DU LARD ? OÙ ÇA, J'EN AI PAS, MOI ?!
LA SALIÈRE SURPRISE
QUEL EST L'IDIOT QUI A DÉVISSÉ LE CAPUCHON DE LA SALIÈRE ?...
C'EST PAS MOI ! MOI JE VOULAIS REMPLACER LE SEL PAR DU SUCRE !
LE CRACHEUR DE FEU
EXTRAIT DE PIMENT DE CAYENNE MACÉRÉ DANS DU POIVRE...
PUISSANT !
LA BATAILLE DE PETITS SUISSES
VOUS ÊTES COMPLÈTEMENT FOUS ! ÇA VA PAS, NON ?!
EXCUSE-NOUS, PAPA, ON CROYAIT QU'ON ÉTAIT À LA CANTINE...
LE MIKADO INFERNAL
C'EST NUL, LES HARICOTS, POUR JOUER AU MIKADO...
T'AURAIS DÛ FAIRE DES FRITES, MAMAN, C'EST MEILLEUR!

FAUT-IL MANGER À LA CANTINE ?

'FAUT PAS ÊTRE TROP DIFFICILE !

UN ENFANT QUI MANGE À LA CANTINE EST UN DEMI-PENSIONNAIRE
J'SUIS PAS UNE DEMI-PORTION, MOI !
À LA CANTINE, IL Y A CEUX QUI MANGENT RIEN
J'PRÉFÈRE DÉVORER UN BON ROMAN, C'EST MEILLEUR !
TU VEUX UN PEU DE SAUCE AVEC TON BOUQUIN ?
ET IL Y A CEUX QUI MANGENT POUR 4
MIARMFR MIARMFR
POURQUOI C'EST JAMAIS BON ? C'EST LE GRAND MYSTÈRE DE LA CANTINE
LA PURÉE A UN DRÔLE DE GOÛT
LA VIANDE EST DURE
LES LÉGUMES NE SONT PAS CUITS
LE POISSON PUE
PRÈS DE QUI S'ASSEOIR À TABLE ?
À CÔTÉ D'UN COPAIN QUI N'AIME PAS LES FRITES
À CÔTÉ D'UN COPAIN QUI N'AIME PAS LES DESSERTS
COMMENT S'AMUSER ? UN CLASSIQUE : LA BATAILLE (DE PETITS SUISSES, DE PETITS POIS, DE PURÉE, DE COQUILLETTES...)
WOUUAAIS !
YA !
OUH LA ! OUH LA !
COMMENT SE RENDRE UTILE ? UN CLASSIQUE : LE NETTOYAGE (DE PETITS SUISSES, DE PETITS POIS, DE PURÉE, DE COQUILLETTES...)
PFFFF !
FFLL
OUH LA LA
PFFF !

COMMENT ÉVITER DE MANGER ?

POURQUOI FAUT-IL SE METTRE À TABLE ?

L'HEURE DU REPAS EST PARFOIS HORRIBLE
QU'EST-CE QU'ON MANGE?
DU BOUDIN AUX CHOUX DE BRUXELLES!
BERK! ET LE PIRE, C'EST QUE ÇA SE REPRODUIT TOUS LES JOURS ET MÊME DEUX FOIS PAR JOUR !!!
CE SERAIT POURTANT SI FACILE DE FAIRE MIEUX...
QU'EST-CE QU'ON MANGE?
STEACK HACHÉ FRITES ...
YEAH! ET SI ON INVENTAIT LES BONBONS AUX VITAMINES, CE SERAIT VRAIMENT LE PARADIS!
POUR TE DÉBARRASSER DES METS IGNOBLES, DEUX SOLUTIONS
REGARDEZ LE SUPER AVION!
1 LA DIVERSION
2 L'ÉVACUATION!
ATTENTION! LE CHAT EST PARFOIS DIFFICILE. IL VAUT MIEUX AVOIR UN CHIEN, ÇA MANGE DE TOUT
ENFIN, PRESQUE...
MINO! C'EST QUOI CES ÉPINARDS SOUS LA TABLE?
25
QUELQUES IDÉES POUR BIEN SE MARRER EN MANGEANT :
LA PYRAMIDE DE LEGUMES
LA SCULPTURE DE PUREE
LE MIKADO DE HARICOTS
LE JET DE PETITS POIS
IL FAUT SAVOIR TOUTEFOIS QUE CERTAINS PARENTS NE TROUVENT PAS CES JEUX TRÈS DRÔLES!

ŞAVOIR METTRE LES PARENTS À TABLE

CE QU'IL FAUT LEUR APPRENDRE...

À TABLE, C'EST TOUJOURS LA MÊME HISTOIRE : LES PARENTS NE SAVENT PAS SE TENIR !
TU L'AS VU ? ON DIRAIT LE PRÉSIDENT DE LA RÉPUBLIQUE...
POUR LES ÉDUQUER, VOICI DES LEÇONS DE MAUVAISE CONDUITE !
NE METS PAS LES COUDES SUR LA TABLE...
...NE TE METS MÊME PAS À TABLE, ÇA SERA PLUS PRATIQUE !
TIENS TON COUTEAU DANS LA MAIN DROITE ET TA FOURCHETTE DANS LA GAUCHE...
C'EST MIEUX POUR LANCER LA PURÉE !
SPLORTCH
NE PARLE PAS LA BOUCHE PLEINE...
CRACHE AVANT !
PWOUITCH
HA! HA!
NE MANGE PAS N'IMPORTE QUOI...
MANGE PLUTÔT N'IMPORTE COMMENT !
TAP! TAP! TAP!
UH... UH...
ATTACHE BIEN TA SERVIETTE...
JE TE L'AI DÉJÀ DIT CENT FOIS !
PAN! PAN!
N'ESSUIE PAS TES MAINS SUR TES VÊTEMENTS...
ESSUIE-TOI SUR LA NAPPE !
SI TES PARENTS RESPECTENT TOUTES CES CONSIGNES, LES REPAS SERONT UNE VRAIE FÊTE !
AVEC TOUT ÇA, QUAND EST-CE QU'ON MANGE ?
J'AI FAIM, MOI !
SPLORTCH
29

7 IDÉES POUR UN MENU D'ANNIVERSAIRE RIGOLO

EN V'LÀ DU BON MIAM MIAM !

LA CRÈME AUX ARAIGNÉES
SUPER, LE COUP DES ARAIGNÉES. ON DIRAIT DES VRAIES...
MAIS C'EST DES VRAIES !
HI HI HI
LE MUTELLA À LA MOUTARDE ET AU POIVRE
À TROIS, JE VAIS DÉVORER LA PLUS GROSSE TARTINE DE MUTELLA DU MONDE !
À TROIS, IL VA SURTOUT ÊTRE LE PLUS GRAND CRACHEUR DE FEU DU MONDE !
LES BOUGIES EXPLOSIVES
TU AS PEUT-ÊTRE MIS TROP DE BOUGIES ?...
C'EST PARCE QU'ELLE EST TROP VIEILLE !
LE JUS DE CHAUSSETTES
IL A UNE DRÔLE DE COULEUR, CE JUS D'ORANGE...
C'EST PARCE QUE J'AI PRIS DES GROSSES ORANGES...
POINTURE 44 !
LE GÂTEAU AU PLÂTRE
ALORS LOULOU, TU T'ES BIEN AMUSÉ À L'ANNIVERSAIRE DE MINO ?
LA GLACE AU BOUDIN
QUI VEUT LA DERNIÈRE GLACE AU CHOCOLAT ?
C'EST QUAND MÊME ÉTRANGE QU'IL NE SE LE GARDE PAS POUR LUI !...
ET POUR FÊTER UN MENU AUSSI AMUSANT, IL FAUT UN BEAU CADEAU SURPRISE
TAK !
HA HA HA HA HA HA HA HA HA HA HA HA HA HA HA
13

FICHE RECETTE

LE GÂTEAU DE RÊVE DE MINO

FICHE RECETTE

LE GÂTEAU DE RÊVE DE MINO

- 6 GÉNOISES BIEN MOELLEUSES
- 1 POT DE GLACE À LA FRAISE
- 1 POT DE CONFITURE D'ABRICOT
- 2 LITRES DE CRÈME CHANTILLY
- 500 GRAMMES DE CRÈME DE MARRONS
- 1 LITRE DE CRÈME À LA VANILLE
- 1,2 KILO DE CHOCOLAT NOIR
- 1,2 KILO DE BONBONS ASSORTIS (ACIDULÉS, FRAISES, GUIMAUVE, DRAGÉES, NOUNOURS...)
- DES CURE DENTS

PRÉPARATION : 40 MIN
CUISSON : 0 MIN
REPOS : 0 MIN
TEMPS TOTAL : 40 MIN

GARNIR ET BADIGEONNER, L'UNE APRÈS L'AUTRE, LE TOUR DE CHAQUE GÉNOISE AVEC :

- LA PREMIÈRE AVEC LA GLACE À LA FRAISE
- LA SECONDE, AVEC LA CONFITURE D'ABRICOTS
- LA TROISIÈME AVEC LA CHANTILLY
- LA QUATRIÈME AVEC LA CRÈME DE MARRONS
- LA CINQUIÈME AVEC LA CRÈME À LA VANILLE
- LA SIXIÈME AVEC LE CHOCOLAT FONDU AU BAIN-MARIE.

EMPILER LES GÉNOISES LES UNES SUR LES AUTRES. ON PEUT METTRE DEUX FOIS CERTAINS ÉTAGES, SI ON A PEUR DE PAS AVOIR ASSEZ.

DÉCORER ENSUITE TOUS LES ÉTAGES DE LA MAXI GÉNOISE AVEC DES BONBONS QUE L'ON PEUT COLLER AVEC DU CHOCOLAT OU PIQUER DANS LE GATEAU AVEC LES CURE-DENTS.

FAIRE BIEN ATTENTION À L'HARMONIE DES COULEURS. LES FRAISES ROUGES SONT TRÈS JOLIES À CÔTÉ DE LA GUIMAUVE VERTE.

DÉGUSTER SANS PERDRE UNE MINUTE !

CARTES D'ANNIVERSAIRE À DÉCOUPER

BANZAI!
*HONORABLE COPAIN.
TU ES INVITÉ À MANGER
MON HONORABLE GÂTEAU
POUR MON HONORABLE
ANNIVERSAIRE LE ....
SI TU NE VIENS PAS,
J'ÉCLATE TON HONORABLE
TRONCHE !

LE MYSTÈRE
DE L'ANNIVERSAIRE
SECRET
NE LE MANQUEZ PAS !
LE..........

TU ORGANISES UNE FÊTE POUR TON ANNIVERSAIRE ? BONNE IDÉE !

TU NE SAIS PAS COMMENT LANCER LES INVITATIONS ? ON S'EN DOUTAIT ! C'EST POUR ÇA QUE NOUS TE PROPOSONS 4 MODÈLES DE CARTES D'INVITATION. TU LES REMPLIES, TU LES DÉCOUPES, TU LES PHOTOCOPIES ET TU LES DONNES OU TU LES ENVOIES À AUTANT DE PERSONNES QUE TU VEUX INVITER.

VIENT T'ÉCLATER POUR MON ANNIVERSAIRE !
LE ....

J'invite tous mes fans à faire la fête avec moi le ....
Soirée strictement privée
Carton exigé à l'entrée
Ne pas oublier les cadeaux

CARTES D'ANNIVERSAIRE
À DÉCOUPER

LES JEUX DE COMBAT

ÇA VA SAIGNER !

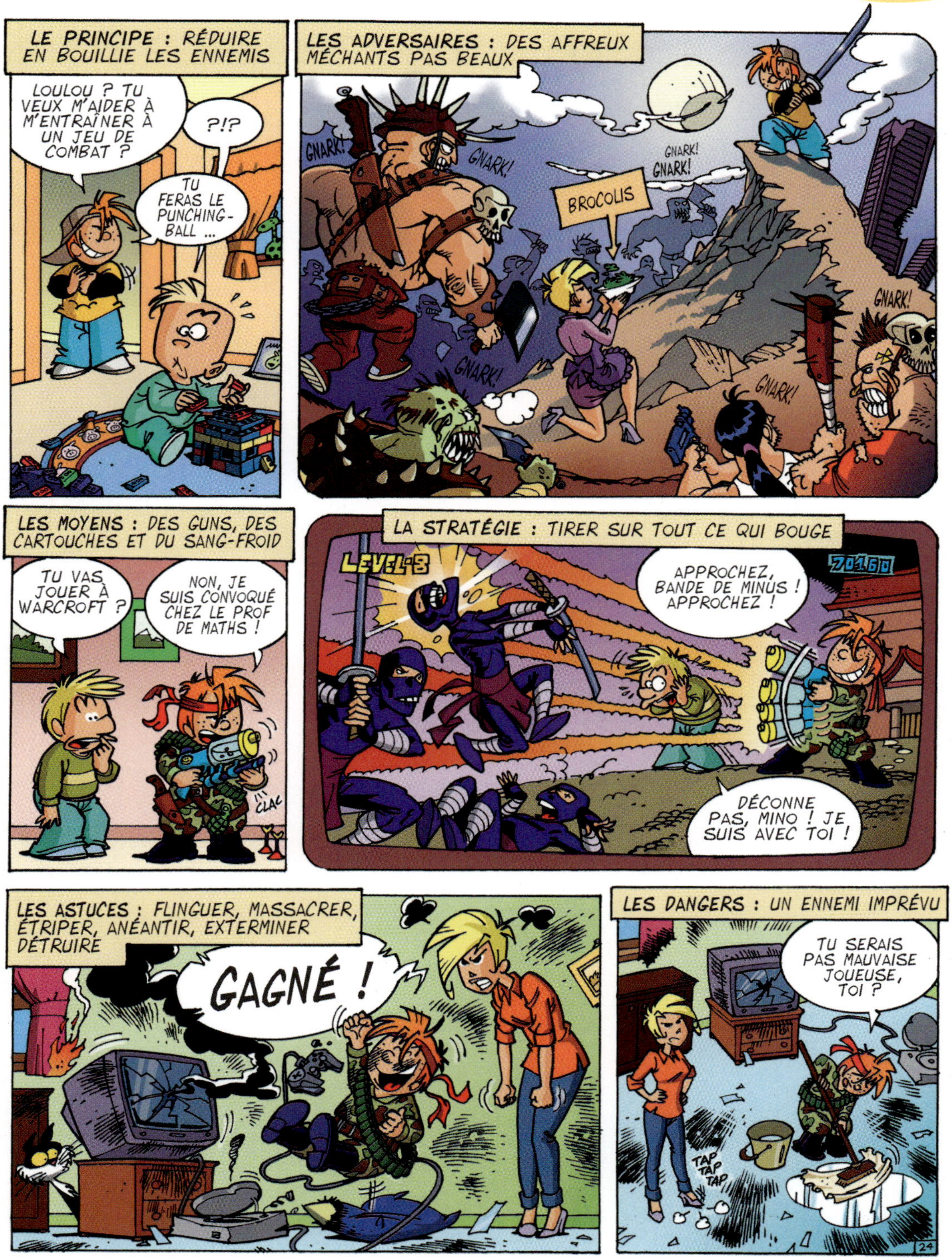
LE PRINCIPE : RÉDUIRE EN BOUILLIE LES ENNEMIS
LOULOU ? TU VEUX M'AIDER À M'ENTRAÎNER À UN JEU DE COMBAT ?
?!?
TU FERAS LE PUNCHING-BALL ...
LES ADVERSAIRES : DES AFFREUX MÉCHANTS PAS BEAUX
GNARK!
GNARK!
GNARK! GNARK!
BROCOLIS
GNARK!
GNARK!
GNARK!
LES MOYENS : DES GUNS, DES CARTOUCHES ET DU SANG-FROID
TU VAS JOUER À WARCROFT ?
NON, JE SUIS CONVOQUÉ CHEZ LE PROF DE MATHS !
CLAC
LA STRATÉGIE : TIRER SUR TOUT CE QUI BOUGE
LEVEL 3
70160
APPROCHEZ, BANDE DE MINUS ! APPROCHEZ !
DÉCONNE PAS, MINO ! JE SUIS AVEC TOI !
LES ASTUCES : FLINGUER, MASSACRER, ÉTRIPER, ANÉANTIR, EXTERMINER DÉTRUIRE
GAGNÉ !
LES DANGERS : UN ENNEMI IMPRÉVU
TU SERAIS PAS MAUVAISE JOUEUSE, TOI ?
TAP TAP TAP
24

LES JEUX DE BOUCHERIE

ENCORE PLUS D'ACTION

LE PRINCIPE : FAIRE COULER LE SANG
ENCORE UN STEAK, MAMAN, S'IL TE PLAÎT !
MOI AUSSI, DEUX !
ÇA VA SAIGNER !
LES ADVERSAIRES : ENCORE PLUS VILAINS, ENCORE PLUS MÉCHANTS
GNERK!
GNERK! GNERK!
GNERK!
GNERK! GNERK! GNERK!
GNERK!
GNERK! GNERK
BROCOLIS
SALSIFIS
GNERK!
LES MOYENS : MITRAILLEUSES, ARMES DE DESTRUCTION MASSIVE ET AUTRES TRONÇONNEUSES
... IL A SAUTÉ SUR UN ÉLÈVE EN HURLANT "J'AURAI TA PEAU !"
RELÂCHEZ-MOI ! J'AVAIS OUBLIÉ QUE JE N'ÉTAIS PLUS DANS MON JEU !
DIRECTEUR
LA STRATÉGIE : DESCENDEZ-LES TOUS !
SHOOTE ! SHOOTE ! SHOOTE !
PAS DE FOOT À LA MAISON, LES GARÇONS !
PUF!
LES ASTUCES : PAS DE QUARTIER !
ARGL ! J'ME SUIS BUTÉ MOI-MÊME !
T'ES NUL !
LES DANGERS : TENDINITE AIGUË
T'AS APPORTÉ TES BALLONS DE FOOT, MINO ?
ÇA VA, HO ! POUCE AVEC LES VANNES !

LES JEUX DE SPORT

UN SACRÉ EXERCICE

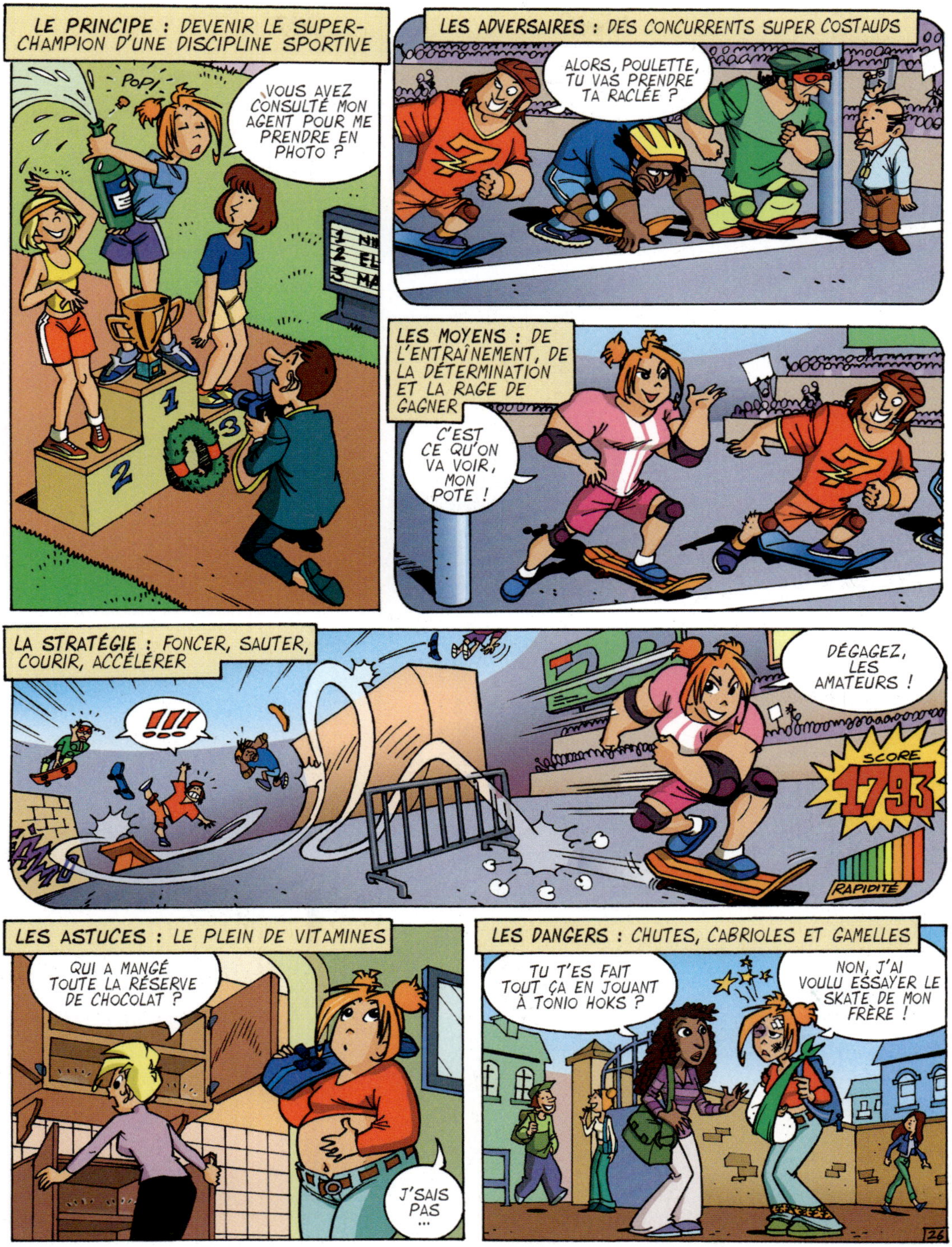
LE PRINCIPE : DEVENIR LE SUPER-CHAMPION D'UNE DISCIPLINE SPORTIVE
POP !
VOUS AVEZ CONSULTÉ MON AGENT POUR ME PRENDRE EN PHOTO ?
LES ADVERSAIRES : DES CONCURRENTS SUPER COSTAUDS
ALORS, POULETTE, TU VAS PRENDRE TA RACLÉE ?
LES MOYENS : DE L'ENTRAÎNEMENT, DE LA DÉTERMINATION ET LA RAGE DE GAGNER
C'EST CE QU'ON VA VOIR, MON POTE !
LA STRATÉGIE : FONCER, SAUTER, COURIR, ACCÉLÉRER
!!!
DÉGAGEZ, LES AMATEURS !
SCORE
1793
RAPIDITÉ
LES ASTUCES : LE PLEIN DE VITAMINES
QUI A MANGÉ TOUTE LA RÉSERVE DE CHOCOLAT ?
J'SAIS PAS ...
LES DANGERS : CHUTES, CABRIOLES ET GAMELLES
TU T'ES FAIT TOUT ÇA EN JOUANT À TONIO HOKS ?
NON, J'AI VOULU ESSAYER LE SKATE DE MON FRÈRE !
26

LES JEUX DE STRATÉGIE

ÇA DEMANDE RÉFLEXION...

LE PRINCIPE : CONQUÉRIR DES TERRITOIRES EN RÉFLÉCHISSANT
JE L'APPELLE POUR LA FAIRE SORTIR ET LE TERRITOIRE EST À NOUS...
ET LES CRÊPES AUSSI ! MIAM !!
LES ADVERSAIRES : DES PETITS MALINS ENCORE PLUS MALINS QUE TOI
JE SUIS VENU, J'AI VU, J'AI VAINCU !
PRESQUE !
LES MOYENS : DÉGUISEMENTS, PASSAGES SECRETS ET ÉNIGMES
MINO ! C'EST QUOI CE CARNET DE NOTES ?! VIENS ICI TOUT DE SUITE !
AU SECOURS! VITE UN PASSAGE SECRET !
TOC TIC TOC TIC
LA STRATÉGIE : PAS DE COMBATS À LA BARBARE !
GÉNÉRAL MINO, J'AI ANNEXÉ VOS TERRES DE BAVIÈRE ! RENDEZ-VOUS !
FAIS PAS TA MALIGNE, AVEC UN BAZOOKA, C'EST MOI QU'AURAIS GAGNÉ !
LES ASTUCES : APPRENDRE À ÊTRE PATIENT
C'EST LA 17E FOIS QUE JE ME BATS CONTRE LUI, J'AI TOUJOURS PAS TROUVÉ SON POINT FAIBLE !
APPAREMMENT, LUI, IL A TROUVÉ LE TIEN !
LES DANGERS : SE FAIRE ENTIÈREMENT DÉPOUILLER
?!?
J'AI JOUÉ À AGE OF VAMPIRES CONTRE BASTIEN ET J'AI TOUT PERDU !

LES JEUX DE RÔLES

HÉROS À LA PLACE DU HÉROS...

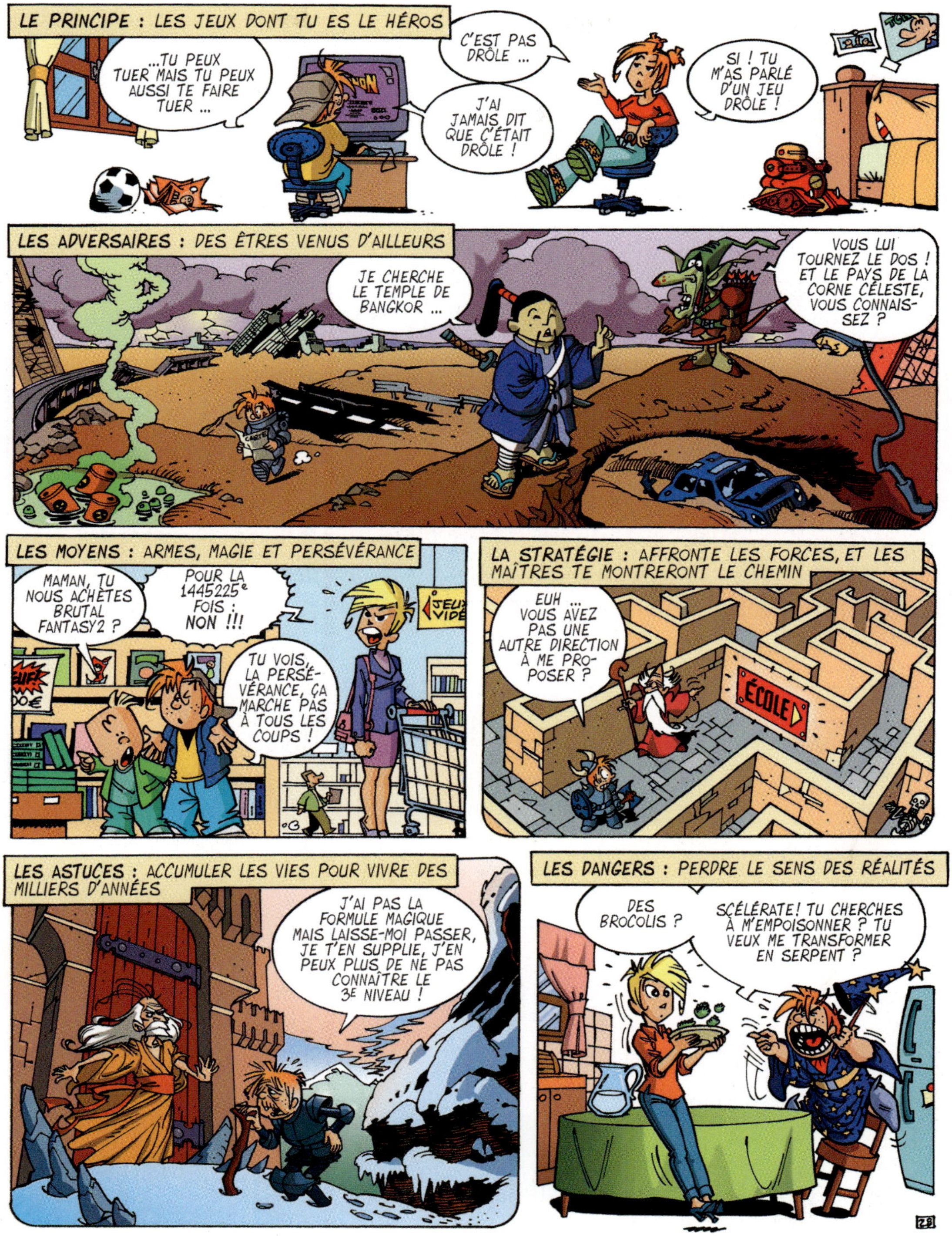
LE PRINCIPE : LES JEUX DONT TU ES LE HÉROS
...TU PEUX TUER MAIS TU PEUX AUSSI TE FAIRE TUER ...
C'EST PAS DRÔLE ...
J'AI JAMAIS DIT QUE C'ÉTAIT DRÔLE !
SI ! TU M'AS PARLÉ D'UN JEU DRÔLE !
LES ADVERSAIRES : DES ÊTRES VENUS D'AILLEURS
JE CHERCHE LE TEMPLE DE BANGKOR ...
VOUS LUI TOURNEZ LE DOS ! ET LE PAYS DE LA CORNE CÉLESTE, VOUS CONNAISSEZ ?
CARTE
LES MOYENS : ARMES, MAGIE ET PERSÉVÉRANCE
MAMAN, TU NOUS ACHÈTES BRUTAL FANTASY2 ?
POUR LA 1445225e FOIS : NON !!!
TU VOIS, LA PERSÉVÉRANCE, ÇA MARCHE PAS À TOUS LES COUPS !
JEUX VIDÉ
LA STRATÉGIE : AFFRONTE LES FORCES, ET LES MAÎTRES TE MONTRERONT LE CHEMIN
EUH ... VOUS AVEZ PAS UNE AUTRE DIRECTION À ME PROPOSER ?
ÉCOLE
LES ASTUCES : ACCUMULER LES VIES POUR VIVRE DES MILLIERS D'ANNÉES
J'AI PAS LA FORMULE MAGIQUE MAIS LAISSE-MOI PASSER, JE T'EN SUPPLIE, J'EN PEUX PLUS DE NE PAS CONNAÎTRE LE 3E NIVEAU !
LES DANGERS : PERDRE LE SENS DES RÉALITÉS
DES BROCOLIS ?
SCÉLÉRATE ! TU CHERCHES À M'EMPOISONNER ? TU VEUX ME TRANSFORMER EN SERPENT ?

LES JEUX DE BAGNOLES

'FAUT PAS PERDRE LES PÉDALES !

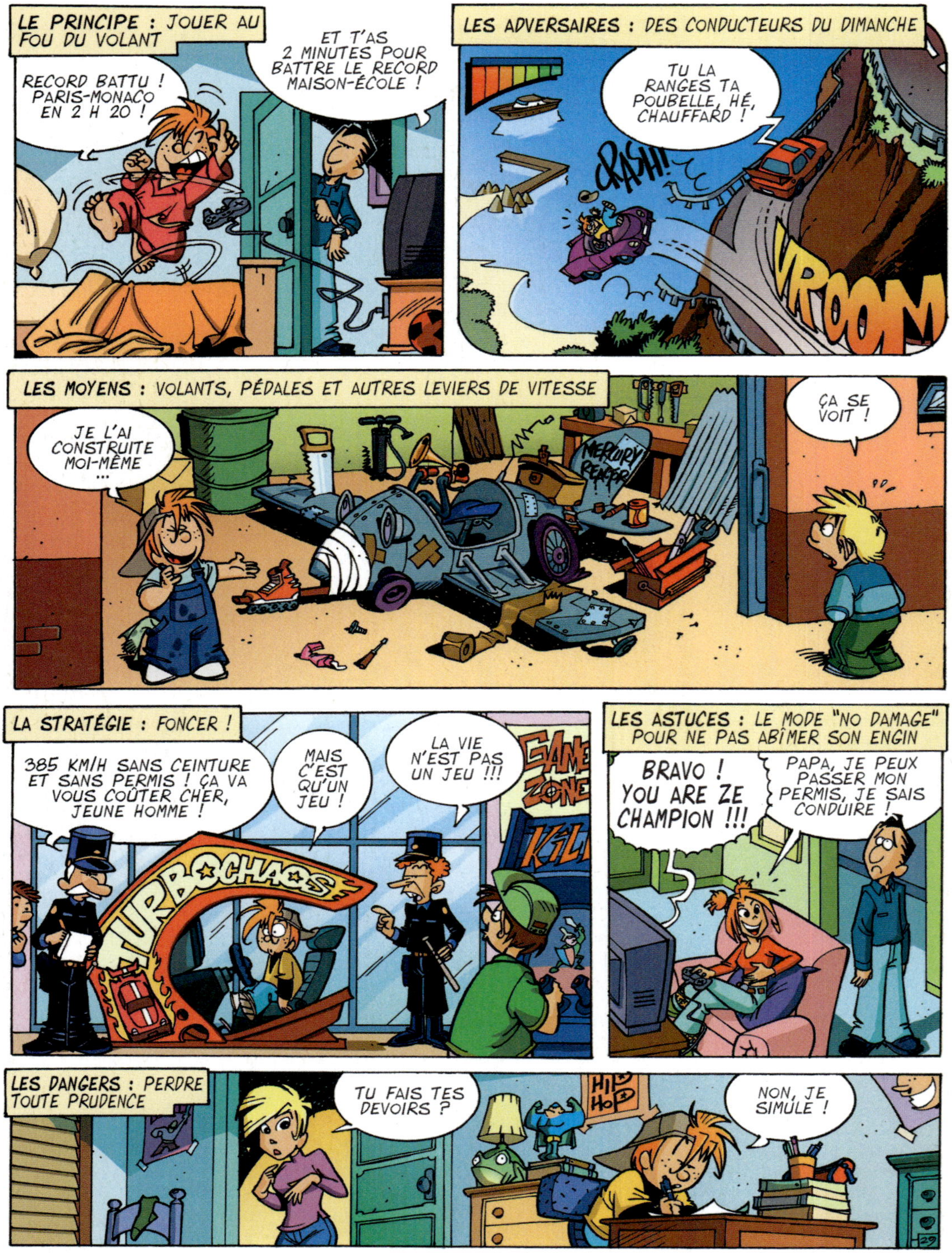

LE PRINCIPE : JOUER AU FOU DU VOLANT
RECORD BATTU ! PARIS-MONACO EN 2 H 20 !
ET T'AS 2 MINUTES POUR BATTRE LE RECORD MAISON-ÉCOLE !
LES ADVERSAIRES : DES CONDUCTEURS DU DIMANCHE
TU LA RANGES TA POUBELLE, HÉ, CHAUFFARD !
CRASH !
VROOM
LES MOYENS : VOLANTS, PÉDALES ET AUTRES LEVIERS DE VITESSE
JE L'AI CONSTRUITE MOI-MÊME ...
ÇA SE VOIT !
LA STRATÉGIE : FONCER !
385 KM/H SANS CEINTURE ET SANS PERMIS ! ÇA VA VOUS COÛTER CHER, JEUNE HOMME !
MAIS C'EST QU'UN JEU !
LA VIE N'EST PAS UN JEU !!!
TURBOCHAOS
GAME ZONE
LES ASTUCES : LE MODE "NO DAMAGE" POUR NE PAS ABÎMER SON ENGIN
BRAVO ! YOU ARE ZE CHAMPION !!!
PAPA, JE PEUX PASSER MON PERMIS, JE SAIS CONDUIRE !
LES DANGERS : PERDRE TOUTE PRUDENCE
TU FAIS TES DEVOIRS ?
NON, JE SIMULE !

TOUTES LES SORTES DE JEUX VIDÉOS DE L'UNIVERS

LES JEUX D'AVION

DES SENSATIONS DE HAUT VOL

LE PRINCIPE : PILOTER DES ENGINS TOP GUN
TU VAS VOIR, AVEC CE LOGICIEL ON A VRAIMENT L'IMPRESSION DE VOLER !
BOF ! J'AI PAS BESOIN D'ORDINATEUR POUR VOLER ...
MINOOOO ! C'EST TOI QUI M'AS PIQUÉ MON CD DE ROBBY STAR ?
LES ADVERSAIRES : AUCUN, JUSTE LE MONDE À DÉCOUVRIR
RODGEUR, JE VOUS REÇOIS 5/5. L'ÉCOLE EST EN VUE ! DÉGAGEZ LA COUR DE RÉCRÉ, JE VAIS ATTERRIR !
LES MOYENS : 2500 KM/H DANS LES DENTS !
?!?
PURÉE ! VOLER À MACH 2 ÇA DÉCOIFFE !
LA STRATÉGIE : BIEN SUIVRE SON ITINÉRAIRE
ATTENDS, MAMAN, J'ÉTUDIE LE TRAJET POUR ALLER À LOS ANGELES !
C'EST LE TRAJET POUR TE LAVER QUE TU VAS SUIVRE ! AU BAIN !
LES ASTUCES : SE PASSER DES INSTRUMENTS DE NAVIGATION
RRRRFFL
T'AS VU ? IL IMITE LE BRUIT DES RÉACTEURS !
LES DANGERS : UN ATTERRISSAGE DE FORCE
ALLÔ ALLÔ, TOUR DE CONTRÔLE ! ENVOYEZ VITE LES SECOURS D'URGENCE !

LES JEUX D'ARCADE

POUR SE PRENDRE LA TÊTE !

LE PRINCIPE : MONTER DES BRIQUES, DÉMONTER DES BRIQUES
C'EST UN VRAI CASSE-TÊTE, CE BOULOT !
LES ADVERSAIRES : DES BRIQUES, DES BRIQUES ET DES BRIQUES
LES MOYENS : PAS DE TRUELLE, PAS DE CIMENT, JUSTE DES FLÈCHES
J'SUIS PRÊT !
T'EN ES UNE DRÔLE, DE FLÈCHE, GERONIMO ! ON VA PRENDRE CELLES DU CLAVIER, ÇA SUFFIRA !
LA STRATÉGIE : VITE VITE VITE, DE PLUS EN PLUS VITE
TU AS DÉJÀ FINI TES DEVOIRS ?
EH OUI ! J'AI DE L'ENTRAÎNEMENT, MOI !
LES ASTUCES : NE PAS QUITTER L'ÉCRAN DES YEUX
TU VIENS TE PROMENER ?
AARRGL ! TU M'AS FAIT RATER UNE LIGNE !
LES DANGERS : RIEN DE PARTICULIER
C'EST GRAVE, DOCTEUR ?
31

ET PLEIN D'AUTRES SORTES DE JEUX

DE QUOI NE PAS S'ENNUYER

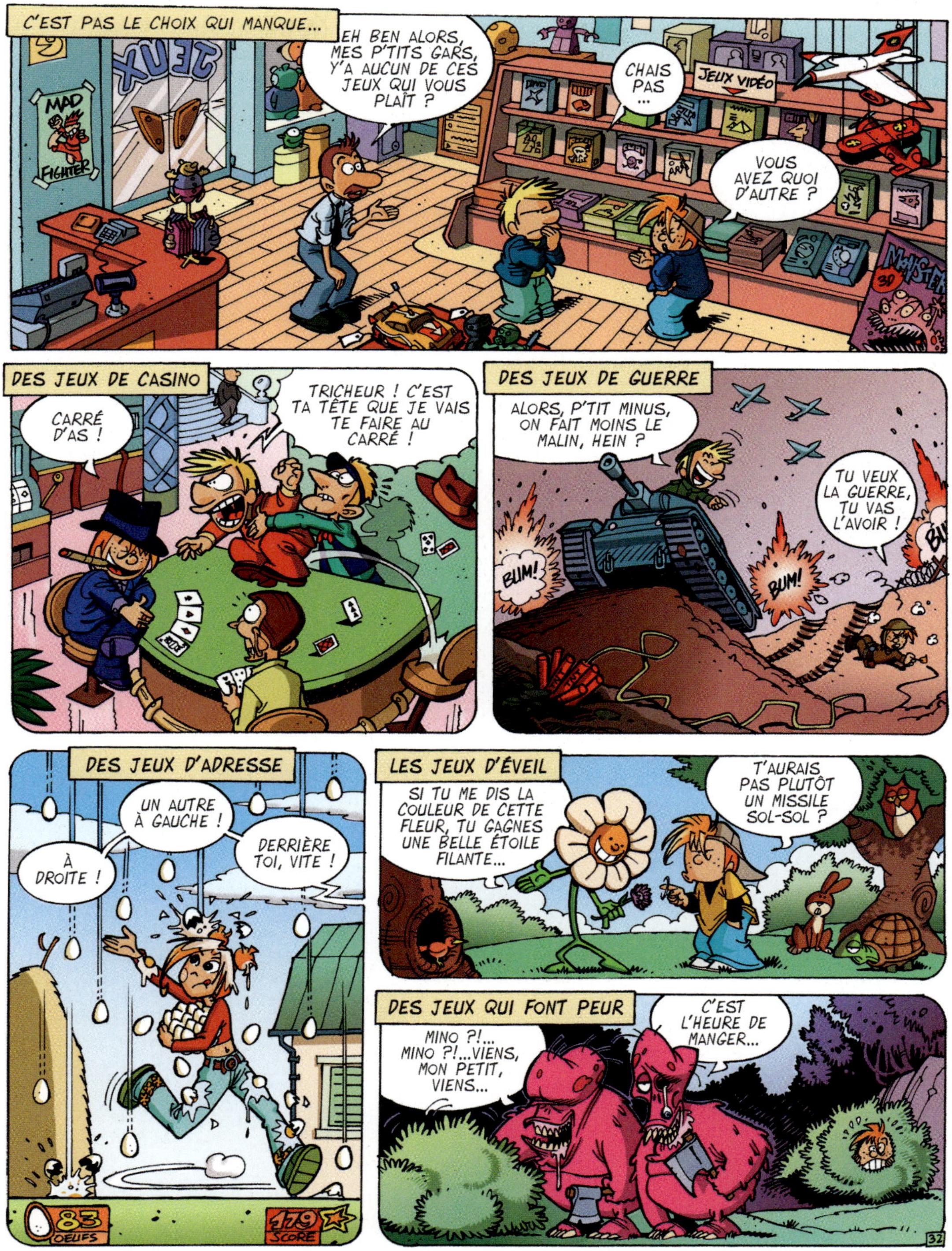
C'EST PAS LE CHOIX QUI MANQUE...
MAD FIGHTER
EH BEN ALORS, MES P'TITS GARS, Y'A AUCUN DE CES JEUX QUI VOUS PLAÎT ?
JEUX VIDÉO
CHAIS PAS ...
VOUS AVEZ QUOI D'AUTRE ?
DES JEUX DE CASINO
CARRÉ D'AS !
TRICHEUR ! C'EST TA TÊTE QUE JE VAIS TE FAIRE AU CARRÉ !
DES JEUX DE GUERRE
ALORS, P'TIT MINUS, ON FAIT MOINS LE MALIN, HEIN ?
TU VEUX LA GUERRE, TU VAS L'AVOIR !
BUM!
BUM!
DES JEUX D'ADRESSE
UN AUTRE À GAUCHE !
À DROITE !
DERRIÈRE TOI, VITE !
83 OEUFS
179 SCORE
LES JEUX D'ÉVEIL
SI TU ME DIS LA COULEUR DE CETTE FLEUR, TU GAGNES UNE BELLE ÉTOILE FILANTE...
T'AURAIS PAS PLUTÔT UN MISSILE SOL-SOL ?
DES JEUX QUI FONT PEUR
MINO ?!... MINO ?!...VIENS, MON PETIT, VIENS...
C'EST L'HEURE DE MANGER...
32

ET ENCORE PLEIN D'AUTRES !

TU VAS BIEN FINI

DES JEUX ÉDUCATIFS
TANT QUE TU N'AURAS PAS TROUVÉ LE NOM DE CE PAYS TU N'AVANCERAS PAS !
PFFF ! PIRE QU'À L'ÉCOLE !
LEVEL:3
DES JEUX CRADES
POU-POU ATTAQUE!
TROP DÉGUEU.. JE CROIS QUE JE VAIS VOMIR...
DÉCONNE PAS, TU VAS PERDRE UNE VIE !
SPLOSH!
SPLOSH!
DES JEUX DE MUSIQUE
C'EST LA DANSE DES CONNARDS GNA GNA GNA !
AAAHH QUE LE BRUIT DES MITRAILLEUSES SEMBLE DOUX À CÔTÉ DE CES CRIS !
DES JEUX GORE
AAAH, ÇA FAIT DU BIEN ! J'ME SENS MIEUX !
MOI AUSSI ! J'SUIS EN FORME POUR DISCUTER AVEC LE DIRLO MAINTENANT !
DES JEUX RIGOLOS
BAFF!! BAFF!! BAFF!!
TROP DRÔLE CE JEU ! J'ADORE !
CLAQUE MASTER
6892
SCORE
ALORS ? QU'EST-CE QUE VOUS CHOISISSEZ ?
ON LES PREND TOUS !
PAPAAAA ! FAIS CHAUFFER LA CARTE BLEUE !
TUMPY
33

TU VEUX ÊTRE TRANQUILLE QUAND TU JOUES ?

DÉCOUPE CETTE PAGE ET AFFICHE LE PANNEAU QUI SE TROUVE DERRIÈRE, PRÈS DE TON ESPACE DE JEU.

TRANQUILLITÉ GARANTIE !

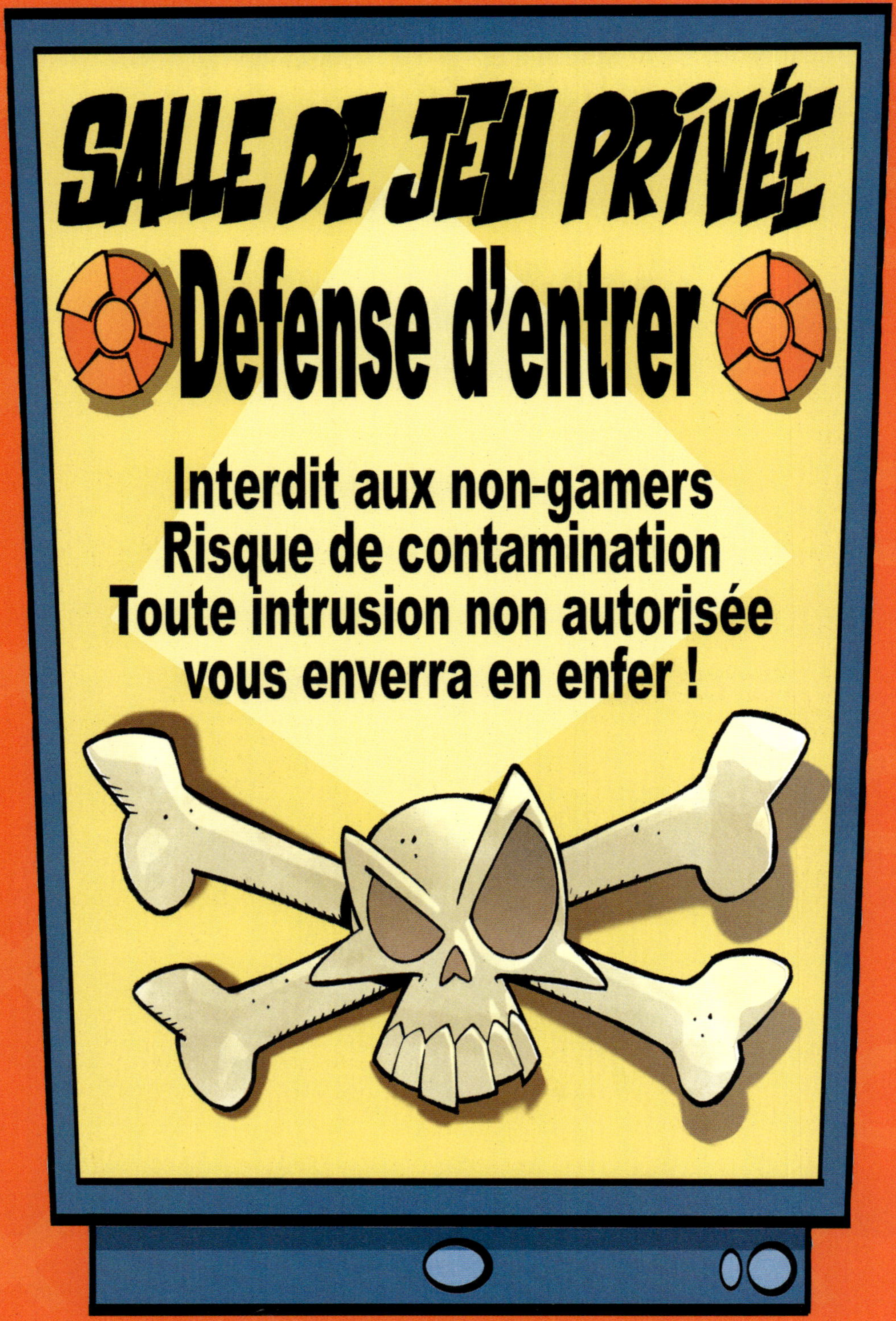
SALLE DE JEU PRIVÉE
Défense d'entrer
Interdit aux non-gamers
Risque de contamination
Toute intrusion non autorisée
vous enverra en enfer !

COMPLÈTEMENT FOU !

DRÔLE D'INVENTION !

INCROYABLE ! DES COUCHES SPÉCIALES POUR OISEAUX, ÇA EXISTE ! C'EST L'INVENTION MISE AU POINT PAR UNE SOCIÉTÉ POUR QUE LES PROPRIÉTAIRES D'OISEAUX DOMESTIQUES LAISSENT VOLER LIBREMENT LEUR ANIMAL DANS LA MAISON.

DRÔLE D'ANIMAL !

AÏE ! OUILLE ! PAS DE TRAITEMENT DE FAVEUR POUR LES ANIMAUX ! AU MEXIQUE, UN ÂNE A ÉTÉ MIS EN PRISON APRÈS AVOIR AGRESSÉ ET BLESSÉ DEUX HOMMES. ON NE SAIT PAS SI L'ANIMAL, VISIBLEMENT DANS UNE RAGE FOLLE, A EXIGÉ UN AVOCAT !

DRÔLE DE VISION !

DINGUE ! DES ITALIENS DE LA RÉGION DE TOSCANE ONT CRU HALLUCINER QUAND ILS ONT APERÇU UNE LICORNE. EN FAIT, IL S'AGISSAIT D'UN CHEVREUIL QUI NE PORTAIT QU'UN SEUL BOIS SUR LA TÊTE : UN CAS TRÈS RARE DE LA NATURE.

J'ATTEEENDS L'AAMOUUUR DE MES RÊÊÊVES

DRÔLE DE PINCEAU !

SLURP ! EN INDE, UN HOMME A DÉCIDÉ DE PEINDRE SES TABLEAUX AVEC SA LANGUE. CE N'EST PAS PARCE QU'IL N'A PAS DE BRAS, C'EST SIMPLEMENT POUR FAIRE SON ORIGINAL. EN VOILÀ UN QUI NE DOIT PAS AVOIR LA LANGUE DANS SA POCHE !

HAHAHA !
HIHIHI

DRÔLE D'OMELETTE !

BERK ! UN HOMME EN TRAIN DE CUISINER, A TROUVÉ UN LÉZARD À L'INTÉRIEUR D'UN ŒUF QU'IL VENAIT DE CASSER. BERK ! COMMENT UN REPTILE A PU SE RETROUVER LÀ ? C'EST CE QUE DES EXPERTS VONT ESSAYER DE DÉTERMINER.

CHIPS HYPERGRAS
MACHUL

DRÔLE DE REPAS !

MIAM ! MIAM ! UN CRAPAUD A DÛ VOIR SA DERNIÈRE HEURE ARRIVER QUAND IL A ÉTÉ AVALÉ PAR UN CHIEN. IL EST RESTÉ 40 MINUTES DANS L'ESTOMAC DU TOUTOU AVANT D'ÊTRE VOMI PAR L'ANIMAL. OUF ! IL FAUT DIRE QUE LE CRAPAUD ÉTAIT VENIMEUX.

MGNH

TOUS TES COPAINS

DANS LA RUE, DANS LE QUARTIER ET DANS LA COUR DE RÉCRÉ

LE CASSE-COU
QUI M'AIME ME SUIVE !
ON T'AIME PAS !
LE MENTEUR
BUUUUT !
ÇA COMPTE PAS !
LE POUSSE AU CRIME
J'PARIE QUE T'ES PAS CAP DE LANCER UN PETIT SUISSE SUR LE SURVEILLANT ?
ÇA C'EST SÛR, J'AIME TROP LES PETITS SUISSES !
LE PREMIER DE LA CLASSE
TU VEUX QUE JE PORTE TON CARTABLE ?
TU VEUX UN BONBEC ?
JE POURRAIS COPIER TON DEVOIR DE GÉO ?
LE DERNIER DE LA CLASSE
TU VEUX QUE JE PORTE TON CARTABLE ? UN BONBEC ? JE POURRAIS COPIER TES MATHS ?
C'EST À TES RISQUES ET PÉRILS !
LE POLLUEUR
TU VEUX UNE CLOPE ?
NON MERCI ! LE CANCER C'EST PAS MON TRUC !
LA BRUTE ÉPAISSE
T'ES UN VRAI COPAIN, TOI, HEIN ?
ET SURTOUT TON MEILLEUR AMI !
T'ES CASSE-COU !
T'ES LE DERNIER !
TU MENS !
MAIS T'ES MON SUPER-POTE !
27

QUI EST TON MEILLEUR COPAIN ?

FAIS TON CHOIX !

CELUI QUI A LES MEILLEURS JEUX
WAOH! LES BD!
WOAH! LES JEUX VIDÉO!
WAOH! LES CD! TROP COOL!
C'EST PAS MA CHAMBRE, C'EST CELLE DE MON PÈRE!
CELUI QUI EST AUSSI GOURMAND QUE TOI
ON VA À LA CHOCOLATERIE OU CHEZ LE MARCHAND DE BONBONS?
LES DEUX, ET PUIS AUSSI À LA PÂTISSERIE...
CELUI QUI EST TROP FORT EN CLASSE
J'AI RIEN COMPRIS AU COURS D'ANGLAIS!
I SHOULD HELP YOU, MY FRIEND!
TU PEUX RÉPÉTER S'IL TE PLAÎT ?
CELUI DONT LA SOEUR EST TROP MIGNONNE
EUH... MOI... JE VOIR EUH... VENAIS BASTIEN IL EST LÀ?
OUI, ENTRE !
TU JOUERAS AVEC NOUS?
CELUI QUI FAIT LES BÊTISES À TA PLACE
T'ES PAS CAP DE FAIRE PIPI DANS LE CARTABLE DU PROF!
SI J'SUIS CAP!
CELUI DONT LES PARENTS SONT HYPER COOL
VOUS AVEZ DES GLACES, DES DVD ET LA CONSOLE POUR VOUS OCCUPER. VOUS FEREZ VOS DEVOIRS PLUS TARD !
CELUI QUI AIME LE PLUS RIGOLER
ALORS LE PIANO LUI TOMBE SUR LA TÊTE ET PLAF, EXPLOSÉ!
HA! HA! HA! HA! HA! HA! HA! HA!
C'EST PAS UNE BLAGUE, MON CHAT EST VRAIMENT MORT!
28

LES 5 RÈGLES D'OR DE L'AMITIÉ

À NE JAMAIS OUBLIER

POUR SIGNER LE PACTE DE L'AMITIÉ, PAS BESOIN D'UTILISER DES MÉTHODES BARBARES...
ON VA ÉCHANGER NOTRE SANG POUR RESTER AMIS À LA VIE À LA MORT.
DONNE TON DOIGT!
CLAC CLAC CLAC CLAC
IL SUFFIT SIMPLEMENT DE SUIVRE LES 5 RÈGLES DE BASE!
1 TU DOIS SOUTENIR TON POTE DANS LES MOMENTS DIFFICILES
T'INQUIÈTE PAS! MOI NON PLUS J'AI PAS RÉVISÉ.
TU NE SERAS PAS TOUT SEUL À ÊTRE COLLÉ.
2 TU DOIS TOUT PARTAGER AVEC LUI
ON PARTAGE?
OUAIS BIEN SÛR! JE PRENDS LES GÂTEAUX ET TOI LES HARICOTS VERTS!
3 TU DOIS LE PROTÉGER
MAIS C'EST BASTIEN ?!? IL AVAIT RENDEZ-VOUS AVEC MOI!
MEUH NON, C'EST SON FRÈRE JUMEAU!
AH BON?
4 TU DOIS TOUJOURS LUI VENIR EN AIDE
MERCI DE M'AVOIR AIDÉ À FABRIQUER CETTE BOMBE À EAU SUPER-SONIQUE!
'Y A PAS DE QUOI, MON POTE! TU M'APPRENDRAS À FAIRE DES BOULES PUANTES?
KLAF
5 TU DOIS LE RESPECTER ET L'AIMER
SYMPA, TON GRAFFITI...
MAIS FAUDRAIT QUE T'ARRÊTES, TOUT LE MONDE CROIT QUE J'AI UNE AMOUREUSE!
TLAK TLAK TLAK TLAK TLAK
BASTIEN I LOVE YOU VERY MUCH!
35

TES COPAINS SONT-ILS RIGOLOS ?

LES TRUCS À FAIRE POUR LE SAVOIR

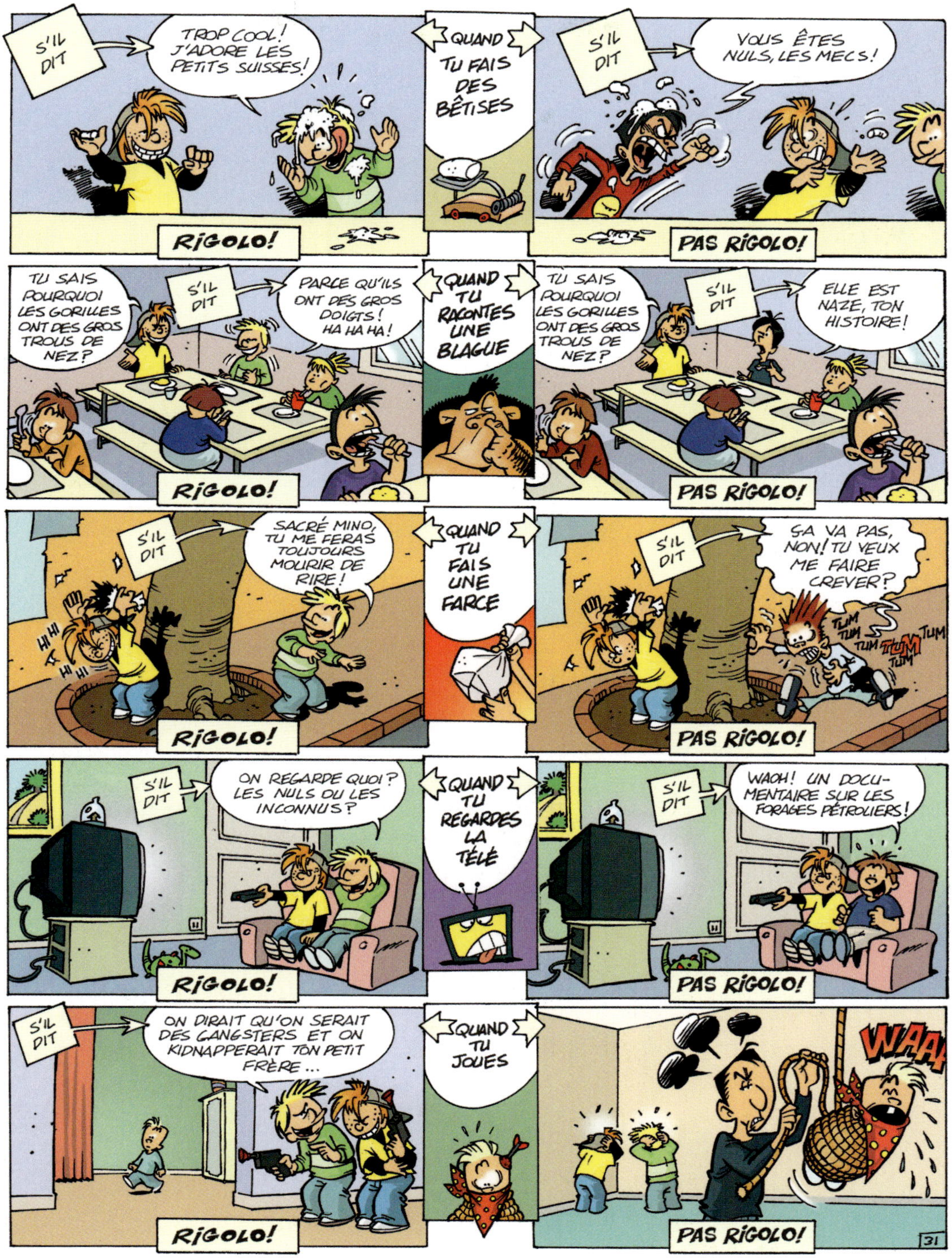
S'IL DIT
TROP COOL ! J'ADORE LES PETITS SUISSES !
RIGOLO !
QUAND TU FAIS DES BÊTISES
S'IL DIT
VOUS ÊTES NULS, LES MECS !
PAS RIGOLO !
TU SAIS POURQUOI LES GORILLES ONT DES GROS TROUS DE NEZ ?
S'IL DIT
PARCE QU'ILS ONT DES GROS DOIGTS ! HA HA HA !
RIGOLO !
QUAND TU RACONTES UNE BLAGUE
TU SAIS POURQUOI LES GORILLES ONT DES GROS TROUS DE NEZ ?
S'IL DIT
ELLE EST NAZE, TON HISTOIRE !
PAS RIGOLO !
S'IL DIT
SACRÉ MINO, TU ME FERAS TOUJOURS MOURIR DE RIRE !
HI HI HI HI
RIGOLO !
QUAND TU FAIS UNE FARCE
S'IL DIT
ÇA VA PAS, NON ! TU VEUX ME FAIRE CREVER ?
TUM TUM TUM TUM TUM TUM
PAS RIGOLO !
S'IL DIT
ON REGARDE QUOI ? LES NULS OU LES INCONNUS ?
RIGOLO !
QUAND TU REGARDES LA TÉLÉ
S'IL DIT
WAOH ! UN DOCUMENTAIRE SUR LES FORAGES PÉTROLIERS !
PAS RIGOLO !
S'IL DIT
ON DIRAIT QU'ON SERAIT DES GANGSTERS ET ON KIDNAPPERAIT TON PETIT FRÈRE...
RIGOLO !
QUAND TU JOUES
WAA
PAS RIGOLO !
31

COMMENT S'APPELER ENTRE COPAINS ?

NOM DE NOM DE NOM DE NOM !

LE NOM COMPLICE
SALUT MON POTE! ÇA BOUME?
LE SURNOM
BONJOUR MON MINOUNET, COMMENT ÇA VA, MON MINOUNET?
LE NOM DE HÉROS
BD
HI, BATMAN! QUAND TU SERAS CHAUVE, SOURIS! HI HI HI HI!
LE NOM VERLAN
SALUT NOMI, TOUJOURS EN FORME?
M
LE NOM GROSSIER
POUSSE-TOI DE LÀ, CONNARD!
LE NOM D'UN CHIEN
HÉ, MÉDOR, RAMÈNE-MOI MA BABALLE!
LE NOM SYMPA
AH, MON AMI! COMME JE SUIS CONTENTE DE TE VOIR!
LE NOM TOTAL RESPECT
SI MONSEIGNEUR VEUT BIEN SE DONNER LA PEINE...
LE NOM DE FAMILLE
ALORS, JUNIOR, QU'EST-CE QUE TU FAIS DE BEAU?
LE NOM PERDU
HEU... MACHIN, TU TE SOUVIENS DE MOI?
ÉCOUTEZ-MOI TOUS!
MON NOM EST M.I.N.O. !
ET TÂCHEZ DE VOUS EN SOUVENIR! Y'EN A MARRE À LA FIN!
MINO
MINO
7

COMMENT PARLER ENTRE COPAINS ?

PLUS FORT QUE LE DICO !

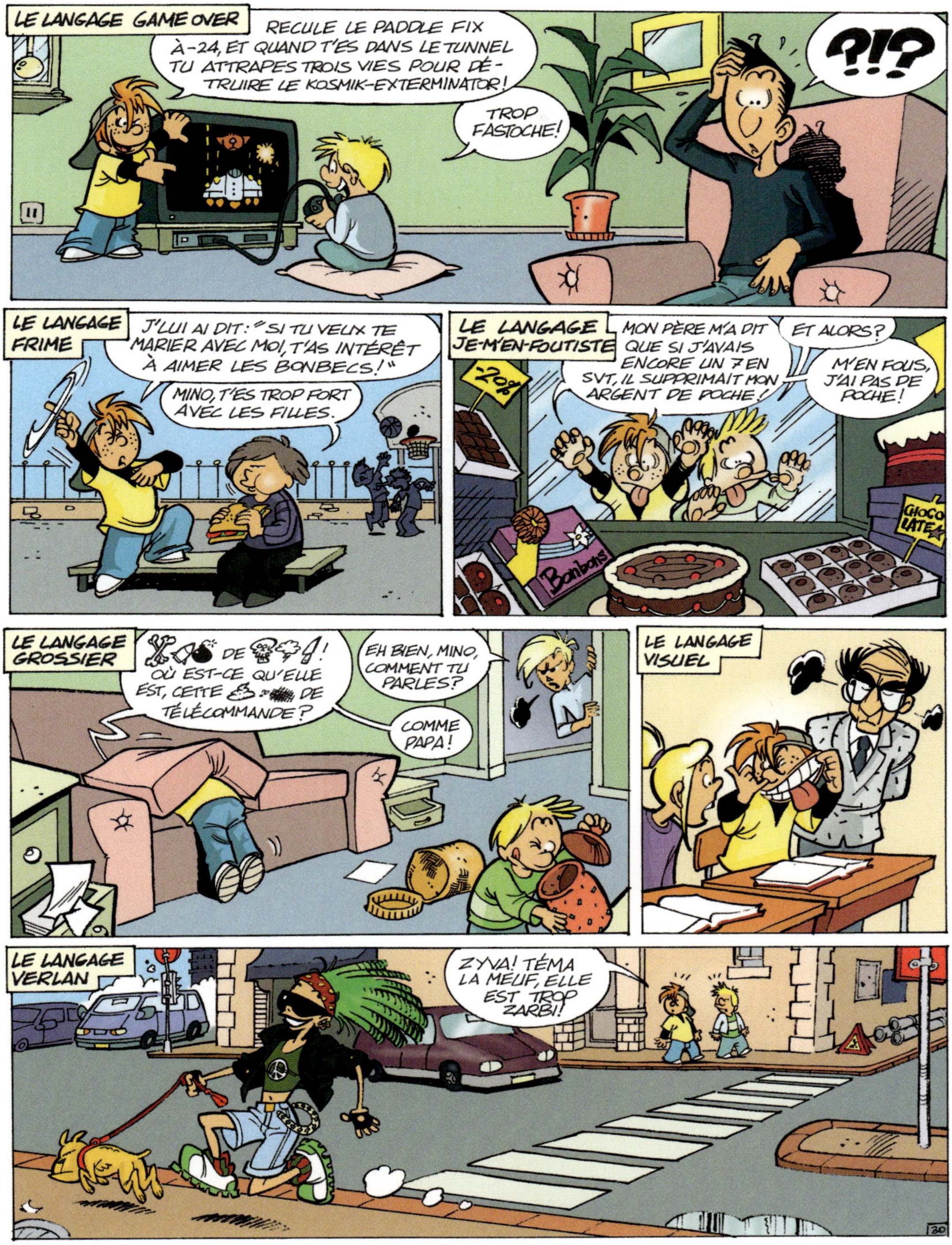
LE LANGAGE GAME OVER
RECULE LE PADDLE FIX À-24, ET QUAND T'ES DANS LE TUNNEL TU ATTRAPES TROIS VIES POUR DÉTRUIRE LE KOSMIK-EXTERMINATOR !
TROP FASTOCHE !
?!?
LE LANGAGE FRIME
J'LUI AI DIT : « SI TU VEUX TE MARIER AVEC MOI, T'AS INTÉRÊT À AIMER LES BONBECS ! »
MINO, T'ES TROP FORT AVEC LES FILLES.
LE LANGAGE JE-M'EN-FOUTISTE
MON PÈRE M'A DIT QUE SI J'AVAIS ENCORE UN 7 EN SVT, IL SUPPRIMAIT MON ARGENT DE POCHE !
ET ALORS ?
M'EN FOUS, J'AI PAS DE POCHE !
-20%
Bonbons
CHOCOLATE
LE LANGAGE GROSSIER
DE ! OÙ EST-CE QU'ELLE EST, CETTE DE TÉLÉCOMMANDE ?
EH BIEN, MINO, COMMENT TU PARLES ?
COMME PAPA !
LE LANGAGE VISUEL
LE LANGAGE VERLAN
ZYVA ! TÉMA LA MEUF, ELLE EST TROP ZARBI !

DE QUOI PARLES-TU AVEC TES COPAINS ?

BLA BLA BLA ET BLA BLA BLA

DE CONSOLES DE JEU
TU L'AS VUE, LA NOUVELLE ?
OH YES ! ELLE EST SUPER TOP !
DE BAGNOLES
JE L'AI VUE HIER, ELLE A VRAIMENT UNE SUPER LIGNE !
TU M'ÉTONNES, ELLE EST TROP BIEN CARROSSÉE !
DE STARS
GRANDE, BELLE, INTELLIGENTE...
LE SUPER POSTER
RAAAH... C'EST LA FEMME DE MA VIE !
DE TÉLÉ
C'EST BIZARRE COMMENT ELLE M'ATTIRE... J'SUIS ENVOÛTÉ !
OUAIS, MOI AUSSI, J'AI TOUT LE TEMPS ENVIE DE LA REGARDER !
BURGER BURGER
DE MUSIQUE
QUAND JE L'ÉCOUTE, ÇA ME TRANSPORTE !
T'AS RAISON. ELLE NOUS ENSORCELLE GRAVE !
DE FILLES
OH, LES GARÇONS, VOUS ÊTES TROP MIMIS DE PARLER DE NOUS COMME ÇA...
CE QUE VOUS POUVEZ ÊTRE CHOUX !
MAIS QU'EST-CE QUI LEUR PREND ?
LAISSE TOMBER ! LES FILLES, C'EST TROP COMPLIQUÉ !

INVITER UN COPAIN À COUCHER

EN ROUTE POUR UNE NUIT INFERNALE !

PHASE 1 : CONVAINCRE LES PARENTS
PAS QUESTION ! VOUS ALLEZ ENCORE FAIRE LES FOUS !
J'TE PROMETS QUE SI BASTIEN VIENT COUCHER ICI, ON RÉVISERA NOS COURS ...
BON, D'ACCORD !
YEAH ! GAGNÉ !
PHASE 2 : REMPLIR LE GARDE-MANGER
QUOI ? DES CHAMPIGNONS ? T'ES OUF OU QUOI ?
J'AI DÉCIDÉ D'ARRÊTER LES BONBONS ...
J'SAIS PAS SI JE VAIS VENIR CHEZ TOI ...
PHASE 3 : ORGANISER L'ACCUEIL
ÇA Y EST, MINO, TU AS RANGÉ TA CHAMBRE ?
C'EST BON, JE SUIS PRÊT !
PHASE 4 : C'EST PARTI MON KIKI !
ET VOUS TRAVAILLEZ BIEN, HEIN ? TU L'AS PROMIS !
PROMIS JURÉ CRACHÉ !
AU PROGRAMME : HISTOIRE GÉO
AARRG, LE CHIEN, TU M'AS PIQUÉ LA TERRE DU MILIEU !
BIP BIP BIP
BIP BIP BIP
FRANÇAIS
PAW PAW PAW ! AVEC ÇA T'ES MOURU !
ON DIT PAS "MOURU", ON DIT "MORT", ESPÈCE DE NANALPHABET !
MATHÉMATIQUES
ET 100 QUI FONT 10.000 ! T'ES FINI, MON POTE !
SCIENCES
BEURP ! CHAIS PAS SI C'ÉTAIT UNE BONNE IDÉE DE MÉLANGER LES CHEWING-GUMS AVEC LA MAYONNAISE ...
RÔÔÔ !
H-H-H

ET SI TU AVAIS UN COPAIN CÉLÈBRE ?

À TOI LA VIE DE STAR !

HARRY POTTER
YEAH! IL A CHANGÉ MON 0 EN 18!
ZINEDINE ZIDANE
PASSE, ZIZOU! PASSE!
JACKIE CHAN
TU PEUX ME COUPER UN MORCEAU DE PAIN, JACKIE?
ZZZAC!
MOI AUSSI! DIX TRANCHES!
TITEUF
SALUT TITEUF!
TITEUF, J'PEUX AVOIR UN AUTO-GRAPHE, PLIZE?
TITEUF, JE T'ADORE!
AVEC LUI, J'AI L'IMPRESSION D'ÊTRE L'HOMME INVISIBLE...
ANAKIN SKYWALKER
AU SECOURS, ANAKIN! AIDE-MOI!
QUE LA FORCE SOIT AVEC TOI, MINO!
HULK
C'EST GÉNIAL COMMENT TU ARRIVES À ME RESSEMBLER! T'ES PRESQUE PLUS VERT QUE MOI!
E.T. L'EXTRA-TERRESTRE
HÉ! T'APPELLES PAS TROP LOIN! HEIN?
E.T. TÉLÉPHONE MAISON!
11
33

STOP PORTE

ENVIE D'ÊTRE TRANQUILLE ? DÉCOUPE CE STOP PORTE

ET ACCROCHE-LE À LA POIGNÉE DE PORTE DE TA CHAMBRE !

ENTRÉE STRICTEMENT INTERDITE

(DANGER MORTEL)

ENVIE D'ÊTRE TRANQUILLE ? DÉCOUPE CE STOP PORTE

ET ACCROCHE-LE À LA POIGNÉE DE PORTE DE TA CHAMBRE !

ENTRÉE STRICTEMENT INTERDITE

(ON M'OBLIGE À FAIRE MES DEVOIRS)

TOUTES TES COPINES

PORTRAITS CRACHÉS

LA TROP COOL
EUH... J'AI PERDU TON BOUQUIN, TON PORTABLE ET TON PULL...
AH BON ? EH BIEN TU AS AUSSI PERDU MON AMITIÉ !
LA TROP STRESSÉE
VIIIITE NINOU, ON EST EN RETARD !
MAIS ÇA COMMENCE QUE DANS 3 HEURES !
C'EST BIEN CE QUE JE DIS !
LA TROP RANCUNIÈRE
Y'EN A MARRE, JULIE M'A PIQUÉ MON LIVRE !
QUAND ÇA ?
EN MATERNELLE !
LA TROP PESTE
REGARDEZ LE MAQUILLAGE DE NINOU ! HA HA !
HUHU
HIHI
TU VAS AU CIRQUE ?
OUI, JE SUIS DRES-SEUSE DE DÉBILES ! TU VIENS ?
LA TROP JALOUSE
SI TU PARLES À MON COPAIN, JE T'ÉTRIPE !
C'EST QUI TON COPAIN ?
J'EN AI PAS EN-CORE, MAIS JE PRÉFÈRE TE PRÉVE-NIR...
LA TROP PÉNIBLE
OUUIIINN !
PERSONNE NE M'AIME !
MAIS SI... ON T'AIME PFFF... !
ET HEUREUSEMENT...
T'ES STRESSÉE !
T'ES JALOUSE !
TU BOUDES !
...MAIS JE T'ADORE !
...TA TROP MEILLEURE AMIE

COMMENT CHOISIR TA MEILLEURE COPINE ?

S'AGIT DE PAS SE TROMPER !

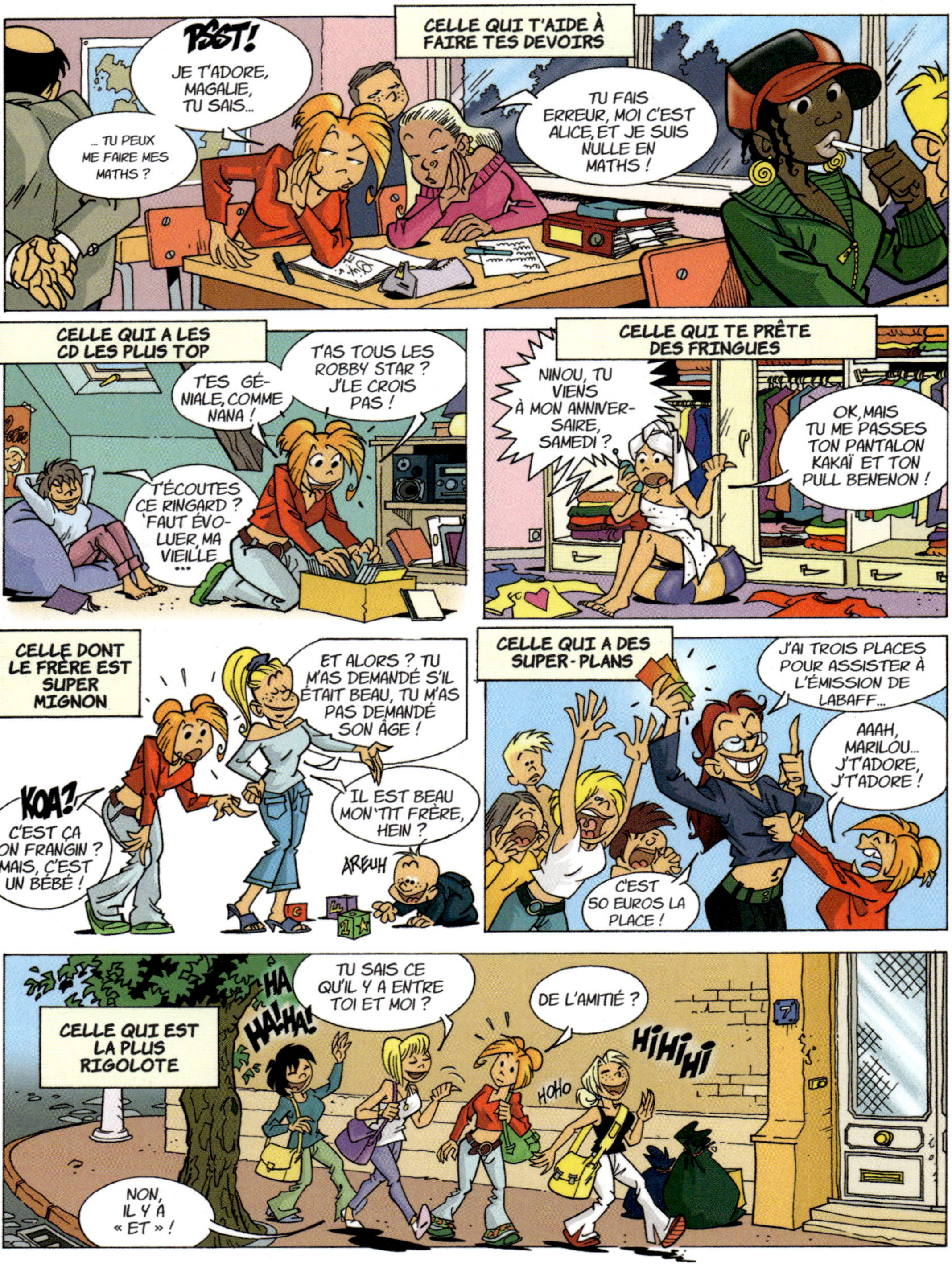
CELLE QUI T'AIDE À FAIRE TES DEVOIRS
PSST!
JE T'ADORE, MAGALIE, TU SAIS...
... TU PEUX ME FAIRE MES MATHS ?
TU FAIS ERREUR, MOI C'EST ALICE, ET JE SUIS NULLE EN MATHS !
CELLE QUI A LES CD LES PLUS TOP
T'ES GÉNIALE, COMME NANA !
T'AS TOUS LES ROBBY STAR ? J'LE CROIS PAS !
T'ÉCOUTES CE RINGARD ? 'FAUT ÉVOLUER, MA VIEILLE...
CELLE QUI TE PRÊTE DES FRINGUES
NINOU, TU VIENS À MON ANNIVERSAIRE, SAMEDI ?
OK, MAIS TU ME PASSES TON PANTALON KAKAÏ ET TON PULL BENENON !
CELLE DONT LE FRÈRE EST SUPER MIGNON
ET ALORS ? TU M'AS DEMANDÉ S'IL ÉTAIT BEAU, TU M'AS PAS DEMANDÉ SON ÂGE !
KOA?
C'EST ÇA TON FRANGIN ? MAIS, C'EST UN BÉBÉ !
IL EST BEAU MON 'TIT FRÈRE, HEIN ?
AREUH
CELLE QUI A DES SUPER-PLANS
J'AI TROIS PLACES POUR ASSISTER À L'ÉMISSION DE LABAFF...
AAAH, MARILOU... J'T'ADORE, J'T'ADORE !
C'EST 50 EUROS LA PLACE !
CELLE QUI EST LA PLUS RIGOLOTE
HA HA HA!
TU SAIS CE QU'IL Y A ENTRE TOI ET MOI ?
DE L'AMITIÉ ?
HIHIHI
HOHO
NON, IL Y A « ET » !

COMMENT S'APPELER ENTRE COPINES ?

LES 1001 PETITS NOMS QUI FONT TOUJOURS PLAISIR...

LE NOM AFFECTUEUX
SALUT MA JOLIE !
QUOI DE NEUF AUJOUR-D'HUI ?
LE NOM ENGLISH
SALUT MA SUPER MEILLEURE BEST FRIEND OF ZE WORLD ...
HEU
QUOI DE NEUF AUJOURD'HUI ?
LE SURNOM
SALUT MA NINOUTE, QUOI DE NEUF AUJOUR-D'HUI ?
LE NOM FAMILIER
SALUT MA VIEILLE ...
PAF
QUOI DE NEUF AUJOUR-D'HUI ?
LE NOM TENDRE
SALUT MA CHÉRIE,
HİHİHİ
QUOI DE NEUF AUJOUR-D'HUI ?
LE NOM INSULTANT
SALUT TÊTE À CLAQUES,
HIN HIN HIN
QUOI DE NEUF AUJOUR-D'HUI ?
LE NOM DE FAMILLE
SALUT JUNIOR,
QUOI DE NEUF AUJOUR-D'HUI ?
LE NOM SANS GÊNE
SALUT POULETTE,
QUOI DE NEUF AUJOUR-D'HUI ?
LE NOM FLATTEUR
SALUT PRIN-CESSE, QUOI DE NEUF AU-JOURD'HUI ?
LE NOM ANOMYME
SALUT L'AUTRE !
QUOI DE NEUF AUJOUR-D'HUI ?
SALUT MA...
J'EN AI MARRE QUE TU M'APPELLES N'IMPORTE COMMENT !!!
JE M'APPELLE NINOU!
N.I.N.O.U
C'EST COM-PRIS ?

LE DICO DE L'AMITIÉ

CAMARADE, COPINE, AMIE... DES MOTS À DÉFINIR !

COMMENT DIFFÉRENCIER UNE COPINE D'UNE AMIE OU D'UNE ENNEMIE ?
2,4
2,0
1,2
3
1
2
4
5
POSE CETTE QUESTION...
WANTED
GOUPIL
L'UNE D'ENTRE VOUS POURRAIT-ELLE ME PASSER SON COURS D'HISTOIRE ?
1
2
3
4
5
ET ÉCOUTE BIEN LES RÉPONSES !
LYCEE ERIC MONAMI
?
EUH... T'ES DANS LA MÊME CLASSE QUE MOI, TOI ?
CETTE FILLE N'EST QU'UNE CONNAISSANCE
TU VEUX MON COURS D'HISTOIRE ? PAS DE PROBLÈME !
ICI, IL S'AGIT D'UNE COPINE
OUI, BIEN SÛR, NINOU ! SI T'AS BESOIN D'AUTRE CHOSE N'HÉSITE PAS À DEMANDER !
VOICI L'AMIE !
MA NINOUTE, T'AS PAS BESOIN DE RECOPIER LE COURS, JE TE L'AI PHOTOCOPIÉ !
BIZ
PAS DE DOUTE, VOILÀ TA MEILLEURE AMIE
HIN HIN HIN
TIENS, VOILÀ LE COURS D'HISTOIRE !
COURS DE MATH
MERCI !
ET ELLE, ATTENTION, C'EST TON ENNEMIE

COMMENT TE FÂCHER AVEC UNE COPINE ?

C'EST PLUS FACILE DE SE FAIRE DES ENNEMIES QUE DES AMIES !

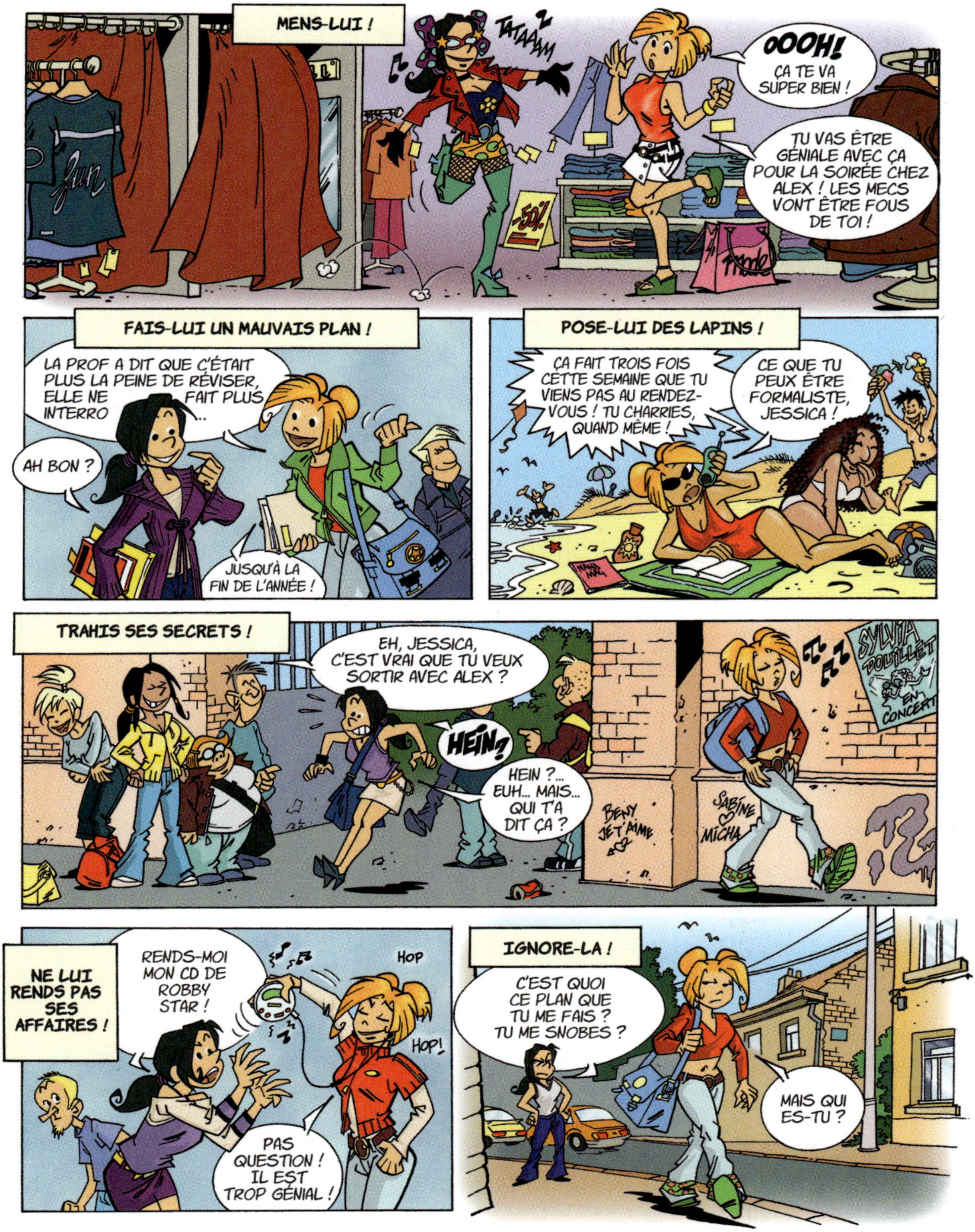
MENS-LUI !
TATAAAM
OOOH! ÇA TE VA SUPER BIEN !
TU VAS ÊTRE GÉNIALE AVEC ÇA POUR LA SOIRÉE CHEZ ALEX ! LES MECS VONT ÊTRE FOUS DE TOI !
-50%
FAIS-LUI UN MAUVAIS PLAN !
LA PROF A DIT QUE C'ÉTAIT PLUS LA PEINE DE RÉVISER, ELLE NE FAIT PLUS INTERRO...
AH BON ?
JUSQU'À LA FIN DE L'ANNÉE !
POSE-LUI DES LAPINS !
ÇA FAIT TROIS FOIS CETTE SEMAINE QUE TU VIENS PAS AU RENDEZ-VOUS ! TU CHARRIES, QUAND MÊME !
CE QUE TU PEUX ÊTRE FORMALISTE, JESSICA !
TRAHIS SES SECRETS !
EH, JESSICA, C'EST VRAI QUE TU VEUX SORTIR AVEC ALEX ?
HEIN?
HEIN ?... EUH... MAIS... QUI T'A DIT ÇA ?
BENY JE T'AIME
SABINE MICHA
SYLVIA POUILLET EN CONCERT
NE LUI RENDS PAS SES AFFAIRES !
RENDS-MOI MON CD DE ROBBY STAR !
HOP
HOP!
PAS QUESTION ! IL EST TROP GÉNIAL !
IGNORE-LA !
C'EST QUOI CE PLAN QUE TU ME FAIS ? TU ME SNOBES ?
MAIS QUI ES-TU ?

TES COPINES ONT-ELLES DE L'HUMOUR ?

HA HA HA HA ! HI HI HI HI ! HO HO HO HO !

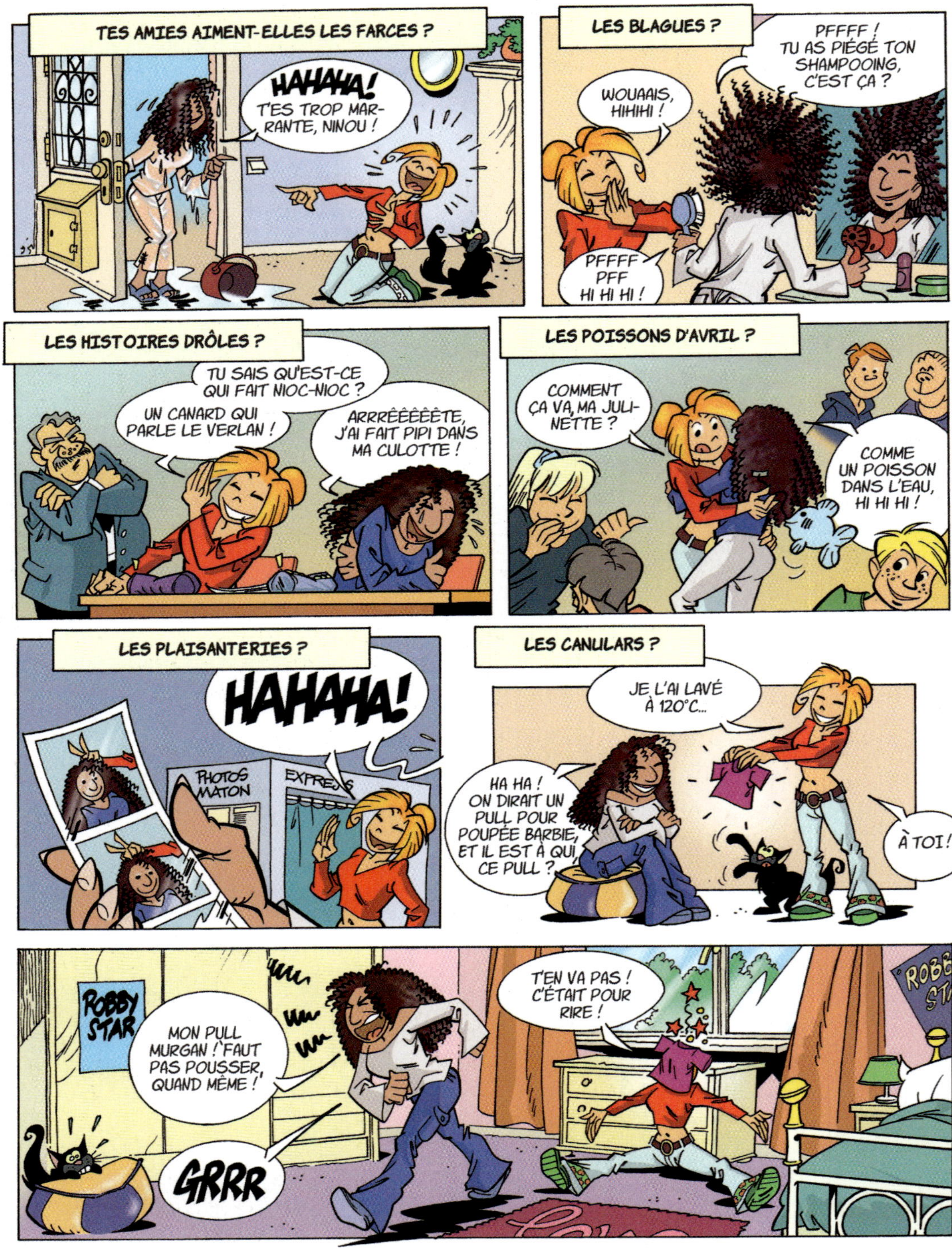
TES AMIES AIMENT-ELLES LES FARCES ?
HAHAHA! T'ES TROP MARRANTE, NINOU !
LES BLAGUES ?
PFFFF ! TU AS PIÉGÉ TON SHAMPOOING, C'EST ÇA ?
WOUAAIS, HIHIHI !
PFFFF PFF HI HI HI !
LES HISTOIRES DRÔLES ?
TU SAIS QU'EST-CE QUI FAIT NIOC-NIOC ?
UN CANARD QUI PARLE LE VERLAN !
ARRRÊÊÊÊÊTE, J'AI FAIT PIPI DANS MA CULOTTE !
LES POISSONS D'AVRIL ?
COMMENT ÇA VA, MA JULINETTE ?
COMME UN POISSON DANS L'EAU, HI HI HI !
LES PLAISANTERIES ?
HAHAHA!
PHOTOS MATON
EXPRESS
LES CANULARS ?
JE L'AI LAVÉ À 120°C...
HA HA ! ON DIRAIT UN PULL POUR POUPÉE BARBIE, ET IL EST À QUI CE PULL ?
À TOI !
ROBBY STAR
MON PULL MURGAN ! 'FAUT PAS POUSSER, QUAND MÊME !
GRRR
T'EN VA PAS ! C'ÉTAIT POUR RIRE !

DE QUOI PARLENT LES FILLES ?

ET PATATI ET PATATA...

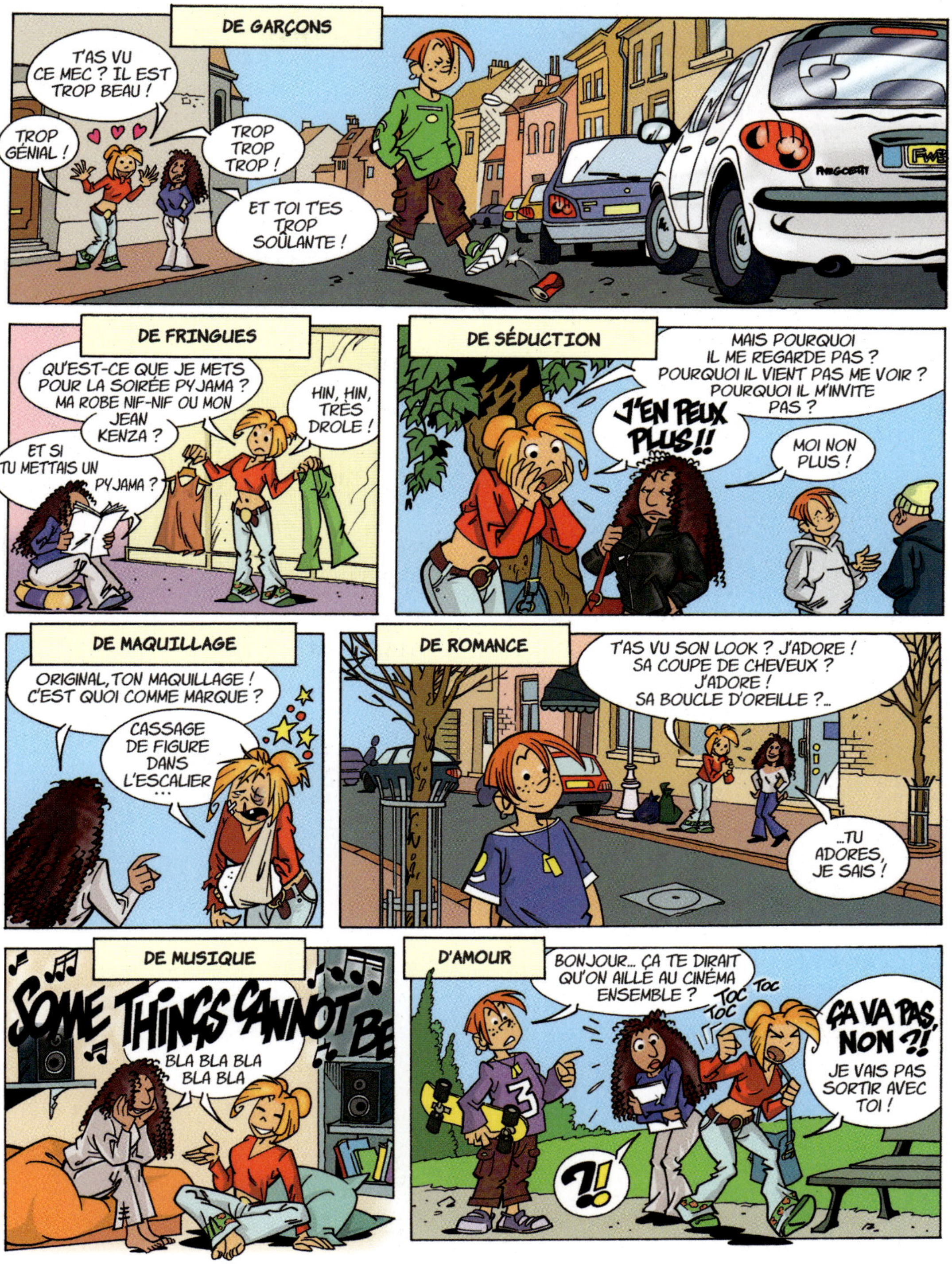
DE GARÇONS
T'AS VU CE MEC ? IL EST TROP BEAU !
TROP GÉNIAL !
TROP TROP TROP !
ET TOI T'ES TROP SOÛLANTE !
DE FRINGUES
QU'EST-CE QUE JE METS POUR LA SOIRÉE PYJAMA ? MA ROBE NIF-NIF OU MON JEAN KENZA ?
HIN, HIN, TRÈS DRÔLE !
ET SI TU METTAIS UN PYJAMA ?
DE SÉDUCTION
MAIS POURQUOI IL ME REGARDE PAS ? POURQUOI IL VIENT PAS ME VOIR ? POURQUOI IL M'INVITE PAS ?
J'EN PEUX PLUS !!
MOI NON PLUS !
DE MAQUILLAGE
ORIGINAL, TON MAQUILLAGE ! C'EST QUOI COMME MARQUE ?
CASSAGE DE FIGURE DANS L'ESCALIER ...
DE ROMANCE
T'AS VU SON LOOK ? J'ADORE ! SA COUPE DE CHEVEUX ? J'ADORE ! SA BOUCLE D'OREILLE ?...
...TU ADORES, JE SAIS !
DE MUSIQUE
SOME THINGS CANNOT BE
BLA BLA BLA BLA BLA
D'AMOUR
BONJOUR... ÇA TE DIRAIT QU'ON AILLE AU CINÉMA ENSEMBLE ?
TOC TOC TOC
ÇA VA PAS, NON ?!
JE VAIS PAS SORTIR AVEC TOI !
?!

COMMENT S'OCCUPER ENTRE COPINES ?

UN PROGRAMME D'ENFER !

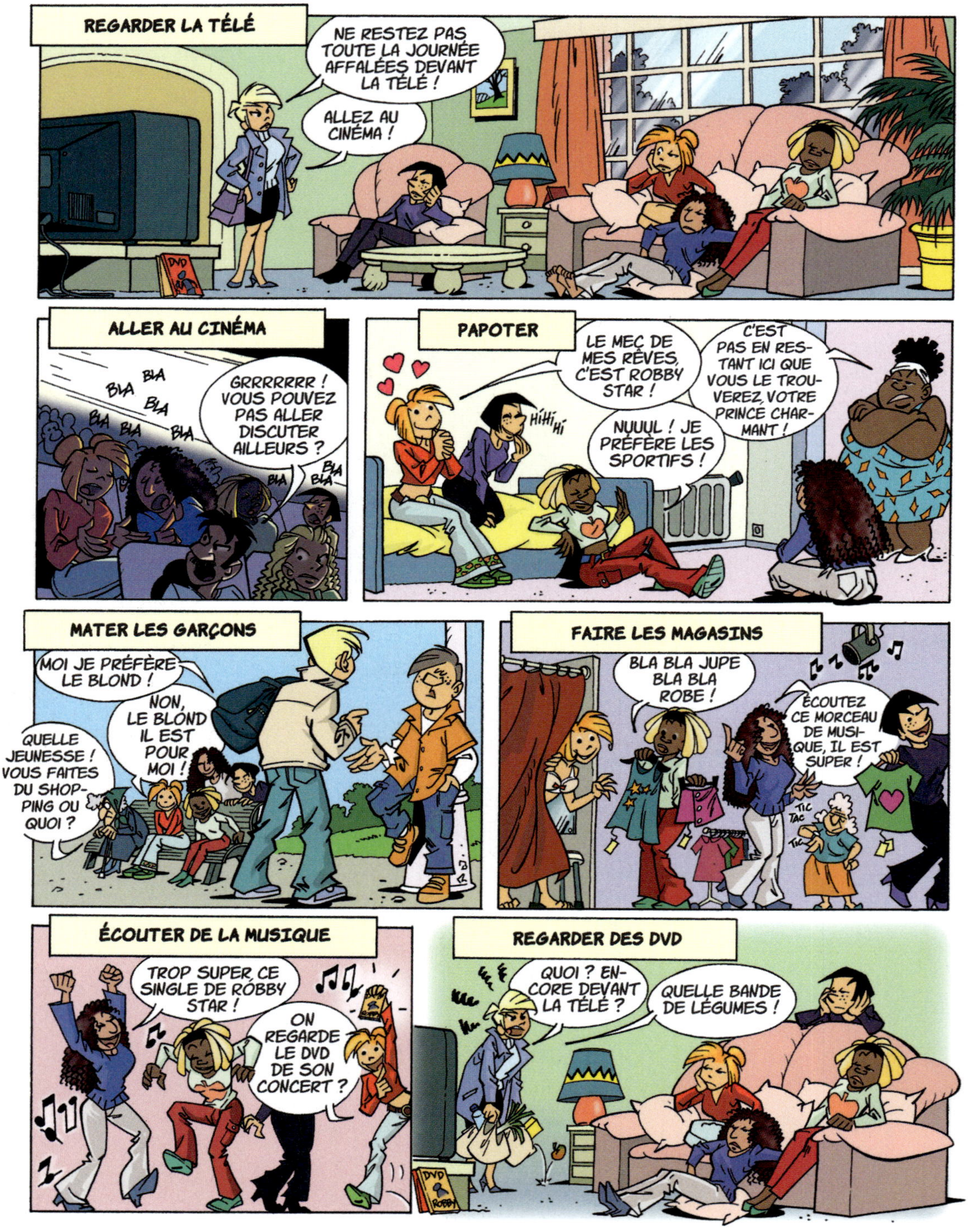

REGARDER LA TÉLÉ
NE RESTEZ PAS TOUTE LA JOURNÉE AFFALÉES DEVANT LA TÉLÉ !
ALLEZ AU CINÉMA !
DVD
ALLER AU CINÉMA
BLA BLA BLA BLA BLA BLA
GRRRRRRR ! VOUS POUVEZ PAS ALLER DISCUTER AILLEURS ?
BLA BLA BLA
PAPOTER
LE MEC DE MES RÊVES, C'EST ROBBY STAR !
HIHIHI
NUUUL ! JE PRÉFÈRE LES SPORTIFS !
C'EST PAS EN RESTANT ICI QUE VOUS LE TROUVEREZ, VOTRE PRINCE CHARMANT !
MATER LES GARÇONS
MOI JE PRÉFÈRE LE BLOND !
NON, LE BLOND IL EST POUR MOI !
QUELLE JEUNESSE ! VOUS FAITES DU SHOPPING OU QUOI ?
FAIRE LES MAGASINS
BLA BLA JUPE BLA BLA ROBE !
ÉCOUTEZ CE MORCEAU DE MUSIQUE, IL EST SUPER !
TIC TAC TIC
ÉCOUTER DE LA MUSIQUE
TROP SUPER CE SINGLE DE ROBBY STAR !
ON REGARDE LE DVD DE SON CONCERT ?
REGARDER DES DVD
QUOI ? ENCORE DEVANT LA TÉLÉ ?
QUELLE BANDE DE LÉGUMES !
DVD ROBBY

LES COPINES QUI TE PLAISENT

AH LES FILLES, AH LES FILLES !

EMMANUELLE L'INTELLECTUELLE
SI TU ME LAISSES COPIER, JE TE DONNE LA MOITIÉ DE MON GOÛTER...
T'ES GENTIL MAIS JE SUIS AU RÉGIME...
LILI LA CHIPIE
HÉ, MINO! DIS À TA COPINE DE NOUS RENDRE NOTRE BALLON!
TLAK!
MARRE À LA FIN!
CLOÉ LE GARÇON MANQUÉ
TU VIENS VOIR MA CABANE?
EUH... T'AURAIS PAS UN ASCENSEUR?
OU UN ESCALIER?
UNE ÉCHELLE?
CAMILLE LA TRANQUILLE
POURQUOI TU JOUES PAS AVEC NOUS ?
CE QUE VOUS FAITES, J'APPELLE PAS SA JOUER!
CHARLOTTE LA RIGOLOTE
AAARG!!
DU POIL À GRATTER, T'ES FOLLE!
DEPUIS LE TEMPS QUE SA ME DÉMANGEAIT DE TE FAIRE SA!
GRAT GRAT GRAT GRAT GRAT GRAT GRAT GRAT GRAT
THÉRÈSE LA MAUVAISE
THÉRÈSE, ZÉRO! MINO, ZÉRO!
SA FAIT LA TÊTE À TOTO!
HI HI HI HI

POURRAIS-TU

TON ENFANCE A ÉTÉ :

PARADISIAQUE
DANS LE CHÂTEAU FAMILIAL, TU VIVAIS ENTOURÉ DE DOMESTIQUES TOUJOURS PRÊTS À EXÉCUTER TOUS TES ORDRES. QU'IL S'AGISSE DE T'APPROVISIONNER EN BONBONS, FAIRE TES EXERCICES DE MATHS OU ALLUMER LA TÉLÉ, IL Y AVAIT TOUJOURS QUELQU'UN POUR LE FAIRE À TA PLACE.
5 POINTS

CHARLES, VOUS AVEZ FINI AVEC MES DEVOIRS ?

QUOI ? SEULEMENT 18 EN MATHS ? PRIVÉ DE SORTIE !
18/20

INFERNALE
TU SUBISSAIS AU QUOTIDIEN UNE PRESSION ÉNORME. TA MÈRE NE TOLÉRAIT PAS LE MOINDRE FOUILLIS DANS TA CHAMBRE ET TON PÈRE, ENCORE PIRE, RÊVAIT POUR TOI D'UNE CARRIÈRE GLORIEUSE QUI LUI FERAIT OUBLIER QUE SA VIE A ÉTÉ TOTALEMENT RATÉE.
2 POINTS

QUAND ON TE PREND EN PHOTO :

TU POSES
L'APPAREIL PHOTO OU LA CAMÉRA, C'EST TA SECONDE NATURE. UN OBJECTIF POINTE SON NEZ ? HOP, TU CHERCHES LA MEILLEURE ATTITUDE, TU PRÉSENTES TON PLUS BEAU PROFIL. CHAQUE NOUVELLE IMAGE DE TOI PREND PLACE DANS LES NOMBREUX BOOKS QUI RETRACENT TOUTE TA VIE
5 POINTS

POUSSE-TOI, T'ES EN PLEIN DEVANT !

RECOMMENCE JAMAIS ÇA !
BÂM

TU REFUSES
LES MAINS DEVANT LES YEUX, LA TÊTE CACHÉE SOUS LES BRAS, LE BONNET QUI TOMBE JUSQU'AU DESSOUS DU NEZ, TU CONNAIS TOUS LES STRATAGÈMES POUR NE PAS ÊTRE PHOTOGRAPHIÉ OU FILMÉ. TA FAMILLE SE DÉSOLE DE N'AVOIR DE TOI QU'UNE PHOTO... DE DOS !
2 POINTS

ÊTRE UNE STAR ?

QUAND TU ES DANS LA RUE :

ON NE TE VOIT PAS

PAS BESOIN DE LA CAPE D'INVISIBILITÉ D'HARRY POTTER POUR DISPARAÎTRE, TU SAIS TRÈS BIEN Y FAIRE. TU PORTES DES VÊTEMENTS DISCRETS, TU N'ÉLÈVES JAMAIS NI LA VOIX, NI LA MAIN. D'AILLEURS, TU AS FAILLI TE FAIRE ÉCRASER TROIS FOIS PAR DES AUTOMOBILISTES QUI NE T'AVAIENT PAS VU !.

2 POINTS

CLAC

ON NE VOIT QUE TOI

LES COULEURS ULTRA VOYANTES, C'EST TON QUOTIDIEN. S'ILS POUVAIENT INVENTER DES FRINGUES CLIGNOTANTES, CE SERAIT COOL. TU PARLES FORT, TU INTERPELLES TES AMIS D'UN BOUT À L'AUTRE DE LA VILLE, TU ÉCOUTES DE LA MUSIQUE À T'EN CREVER LES TYMPANS ET CEUX DES PASSANTS.

5 POINTS

SI ON TE POSE DES QUESTIONS :

TU NE RÉPONDS PAS

QU'IL S'AGISSE DE LA BATAILLE DE MARIGNAN OU DE CE QUE TU AS FAIT LA VEILLE AVEC UNE COPINE, TU NE RACONTES RIEN. TA VIE, C'EST À TOI, ET ELLE NE REGARDE PERSONNE. TES PROFS PENSENT QUE TU NE SAIS RIEN, TES PARENTS CROIENT QUE TU AS PERDU LA PAROLE OU QUE TU FAIS LA TÊTE.

2 POINTS

JE T'EN SUPPLIE, NINOU, DIS-MOI SI TU VEUX ENCORE DES FRITES...

BLA BLA BLA BLA BLA BLA BLA BLA BLA BLA BLA BLA BLA BLA BLA BLA BLA BLA BLA...
ZZZ
ZZZ
RON ZZZ

TU RÉPONDS

DÈS L'ENFANCE ON T'A SURNOMMÉ LE MOULIN À PAROLES OU LA PIPELETTE. TU AVAIS TOUJOURS QUELQUE CHOSE À DIRE, À COMMENTER OU À AJOUTER À LA CONVERSATION EN COURS, QUELQUE QUE SOIT LE SUJET. ET SI ON PARLE DE TOI, ALORS LÀ, TU ES INTARISSABLE.

5 POINTS

TEST

POURRAIS-TU

DÈS QUE TU TE METS À CHANTER :

LE CIEL EST BEAU
LES OISEAUX CHANTENT ET TOUT LE MONDE T'ÉCOUTE AVEC ADMIRATION. TU CONNAIS PAR CŒUR TOUS TES CLASSIQUES, DE AU CLAIR DE LA LUNE À LA DANSE DES CANARDS. À CHAQUE FÊTE DE FAMILLE, TU FAIS CHANTER LES INVITÉS QUI REPRENNENT EN CHŒUR LES REFRAINS AVEC TOI.
5 POINTS

LA LA LA LA LA

LA LA LA

LE CIEL EST GRIS
DÈS QUE TU POUSSES LA PREMIÈRE NOTE, QUELQU'UN TE BÂILLONNE POUR T'EMPÊCHER DE CHANTER. LA DERNIÈRE FOIS QU'ON T'A LAISSÉ FAIRE, IL A PLU DEUX MOIS D'AFFILÉE. LES VENDEURS DE PARAPLUIES ÉTAIENT CONTENTS. TES PARENTS BEAUCOUP MOINS.
2 POINTS

POUR LES VACANCES, TU PRÉFÈRES :

TROIS MOIS DANS UN PALACE
LE CONFORT ET LE LUXE, C'EST TON TRUC. TU TE RÉVEILLES DANS TA SUITE PRINCIÈRE, AFFALÉ EN TRAVERS DE TON LIT DE TROIS MÈTRES DE LARGE, UN SERVITEUR ZÉLÉ T'APPORTE UNE CORBEILLE DE VIENNOISERIES MAISON POUR ACCOMPAGNER TON JUS DE GOYAVE AU SUCRE ROUX.
5 POINTS

JE VAIS CHANGER DE TOILETTE AVANT LE DÎNER.

JE VAIS AUX TOILETTES AVANT DE DÎNER.

TROIS SEMAINES DANS UN CAMPING
POUR MONTER LA TENTE, TU ES LE MEILLEUR. UN VRAI BÂTISSEUR DE CATHÉDRALE. UNE CATHÉDRALE DE QUATRE MÈTRES CARRÉS EN TOILE, MAIS PEU IMPORTE. TU AIMES PARTAGER TA SAVONNETTE SOUS LA DOUCHE ET CHANTER DARLA DIRLADADA AUX SOIRÉES ORGANISÉES.
2 POINTS

ÊTRE UNE STAR ?

SI ON TE FAIT UN COMPLIMENT :

ÇA TE SÉDUIT
LES COMPLIMENTS, C'EST NORMAL QU'ON T'EN FASSE, PUISQUE TU ES AU TOP ! ÇA TE FAIT DONC PLAISIR QUE L'ON VANTE TES QUALITÉS, QUE L'ON PARLE DE TES RÉUSSITES, QUE L'ON CITE TES TRAITS D'HUMOUR. ET TU NE MANQUES JAMAIS DE RAPPELER LES DONS QUI TE RENDENT EXCEPTIONNEL.
5 POINTS

UN CÉSAR ? C'EST GÉNIAL ! VOUS ÊTES TROP COOL ! 'FAUT QUE JE TÉLÉPHONE À MA MÈRE POUR LUI DIRE !

MERCI, C'EST TRÈS GENTIL, MAIS 'FALLAIT PAS... JE PEUX PAS L'ACCEPTER JE L'AI PAS MÉRITÉ...

ÇA TE GÊNE
TU CROIS QUE TU N'AS AUCUN INTÉRÊT ET TU NE VOIS PAS POURQUOI CERTAINES PERSONNES DEVRAIENT USER LEUR SALIVE À PROPAGER À DIRE DU BIEN DE TOI. HEUREUSEMENT, TU CONNAIS TES DÉFAUTS ET TU T'EMPRESSES DE LES RAPPELER À QUICONQUE SE RISQUERAIT À T'APPRÉCIER.
2 POINTS

RÉSULTATS

TU AS ENTRE 15 ET 22 POINTS
TU N'ES PAS MÛR POUR ÊTRE UNE STAR. APPRENDS À AVOIR CONFIANCE EN TOI. AFFIRME-TOI, FONCE, SI TU VEUX RÉUSSIR. FINI LA DISCRÉTION. UNE STAR SE DOIT D'ÊTRE REMARQUÉE. PARLE FORT ET PARLE DE TOI, N'OUBLIE PAS QUE TA PROPRE PERSONNE DOIT ÊTRE LE SUJET LE PLUS PASSIONNANT QUI SOIT.

TU AS ENTRE 23 ET 30 POINTS
PAS MAL MAIS ÇA POURRAIT ÊTRE MIEUX ! RÉVISE TA STAR ATTITUDE ET TU SERAS PRESQUE AU POINT POUR AVOIR TON NOM EN HAUT DE L'AFFICHE. ROULE EN FERRARI POUR TE FAIRE REMARQUER. TU N'AS PAS DE FERRARI ? DÉPLACE-TOI EN ROLLERS. C'EST COMME ÇA QUE TU Y ARRIVERAS.

TU AS ENTRE 31 ET 35 POINTS
ON T'A RECONNU ! T'ES DÉJÀ UNE STAR, ÇA SE VOIT TOUT DE SUITE ! AH LA LA, C'EST SUPER INTIMIDANT DE SAVOIR QUE TU ES EN TRAIN DE NOUS LIRE. TOI ! EN PERSONNE ! TROP FORT ! QUAND ON RACONTERA ÇA AUX COPAINS, ILS VONT JAMAIS NOUS CROIRE ! TU PEUX NOUS SIGNER UN AUTOGRAPHE ?

TOUT SAVOIR SUR NINOU

TOUT SAVOIR SUR LES MECS

J'AIME PAS AIDER MA MÈRE !

ELLE A TOUJOURS DES TRUCS À ME DEMANDER. ÉTENDRE LE LINGE, VIDER LE LAVE-VAISSELLE, PASSER LE BALAI...

ON N'EST PLUS AU MOYEN-ÂGE, POURQUOI ÇA SERAIT UN BOULOT DE FILLE ? ET POURQUOI MON PÈRE, IL ME DEMANDE PAS DE L'AIDER À FAIRE SA VIDANGE ? Y'A PAS DE RAISON !

HOUHOUHOUHOUHO
OUHOUHOOUUUUU
NINOU, T'AS PASSÉ L'ASPIRATEUR ?

NE PAS REGARDER PENDANT DES HEURES
INTERDICTION DE MANGER ICI
NE PAS POSER SES PIEDS LÀ
NE METS PAS TES MAINS SALES ICI
NE PAS TOUCHER
NE PAS SALIR

J'AIME PAS LES CONSEILS DES PARENTS !

FAIS COMME CI, FAIS PAS COMME ÇA, AH LA LA, J'AI PLUS TROIS ANS ! ILS ME SAOULENT À PARLER DE LEUR EXPÉRIENCE ! JE VAIS ME LES FAIRE TOUTE SEULE, MES EXPÉRIENCES, VOUS ALLEZ PAS ME TENIR LA MAIN JUSQU'À CE QUE J'AI CINQUANTE ANS, QUAND MÊME ?

J'AIME PAS LES GARÇONS !

EN FAIT, JE LES AIME BIEN, MAIS QU'EST-CE QU'ILS SONT PÉNIBLES. ET PUIS GAMINS, C'EST DINGUE. ILS BALANCENT DES VANNES LOURDES ET ILS S'IMAGINENT QU'ILS VONT NOUS PLAIRE. LES PAUVRES ! EN PLUS, DERRIÈRE LEURS AIRS DE FANFARONS, JE SAIS BIEN QU'ON LES INTÉRESSE, NOUS LES FILLES. PAS VRAI, LES MECS ?

DOUCHES FILLES
ON VOIT RIEN !
T'ES BIGLEUX OU QUOI ?

J'AIME PAS RANGER MA CHAMBRE !

JE RANGERAI QUAND J'AURAI UN DRESSING ROOM DIGNE DE CE NOM. COMMENT VOULEZ-VOUS ENTASSER TOUTES MES FRINGUES DANS UNE SI PETITE ARMOIRE ? J'AI BESOIN D'ESPACE, MOI, ON M'ENFERME PAS DANS UNE CAGE ! PLUS TARD, J'EMBAUCHERAI QUELQU'UN QUI RANGERA TOUT DERRIÈRE MOI. LE PIED !

NINOU, TU RANGES TA CHAMBRE ?
J'PEUX PAS, J'SUIS TROP MALADROITE.

J'AIME PAS LES BLAGUES DÉBILES DE MINO !

MINO, J'VAIS CHERCHER DU PAIN... TU VIENS AVEC MOI ?
ÇA VA PAS NON !

ALORS LUI, S'IL Y AVAIT UN CONCOURS DU PLUS DÉBILE, IL GAGNERAIT LA MÉDAILLE D'OR ! QU'EST-CE QU'IL VA PAS INVENTER ?! S'IL Y A UNE BÊTISE À FAIRE, VOUS POUVEZ EN ÊTRE SÛR, ELLE EST POUR LUI. IL N'EN RATE PAS UNE.

J'ADOOOORE TÉLÉPHONER !

Ô TOI QUI A INVENTÉ LE TÉLÉPHONE, JE TE REMERCIE ! JE SAIS PAS QUI C'EST, MAIS, CHAPEAU ! C'EST L'INVENTION LA PLUS GÉNIALE DE L'UNIVERS. JE M'EN SERS TOUT LE TEMPS. J'AI TOUJOURS DES TRUCS À RACONTER À MES COPINES, MÊME SI JE LES AI VUES UN QUART D'HEURE AVANT. MA MÈRE NE COMPREND PAS ÇA.

MATH

QUEL MÉTIER JE FERAI PLUS TARD ? JE ME VERRAI BIEN TENIR UN MAGASIN DE FRINGUES. J'ESSAIERAI LES VÊTEMENTS QUE JE VENDS POUR EN PARLER AUX CLIENTES EN CONNAISSANCE DE CAUSE. BEN OUAIS, DANS LES MAGASINS, LES VENDEUSES ELLES NE PORTENT JAMAIS LES HABITS QUI SONT EN RAYON, C'EST NUL !

NINOU, EST-CE QUE VOUS CROYEZ AVOIR UNE INFLUENCE SUR LE PUBLIC ?
EUH... NON, JE NE CROIS PAS...

NOUS SOMMES DES STARS

J'ADOOOORE ME BICHONNER

ME FRICTIONNER LA PEAU, M'ÉPILER, ME MANUCURER, J'ADORE ! JE RESTE DES HEURES DANS LA SALLE DE BAINS. MON PÈRE ET MA MÈRE RÂLENT. LE SEUL QUI NE ROUSPÈTE PAS, C'EST MINO. ÇA LUI FAIT UNE BONNE EXCUSE POUR EXPLIQUER QU'IL N'A PAS EU LE TEMPS DE SE LAVER !

ELODIE ? OUI OUI, J'ARRIVE ! JE SUIS PRÊTE, LÀ, J'TE PROMETS. JE PARS DANS UNE MINUTE À PEINE !
SI SI, JE TE JURE
FLIPPE PAS, J'ARRIVE !

J'ADOOOORE MA COPINE JULIE !

C'EST MA MEILLEURE AMIE. ON A LES MÊMES GOÛTS POUR PLEIN DE TRUCS, ON S'ÉCHANGE DES FRINGUES, ON S'AIDE POUR LES COURS, J'ADORE ÊTRE AVEC ELLE. ON VA ÊTRE AMIE POUR TOUTE LA VIE, C'EST SÛR, ÇA PEUT PAS ÊTRE AUTREMENT.

J'ADOOOORE PARLER !

C'EST SIMPLE, J'AI TOUJOURS QUELQUE CHOSE À DIRE. ET JE VEUX SAVOIR TOUT CE QUI SE PASSE. MON PÈRE DIT QUE JE SUIS UNE VRAIE CONCIERGE ! AVEC JULIE, ON PEUT PARLER PENDANT DES HEURES ET DES HEURES ! C'EST D'AILLEURS POUR ÇA QU'ON EST SOUVENT COLLÉE EN COURS !

ADRIEN ?
6/10 !
ALEXIS ?
4/10 !
OLIVIER !
0/10 !!!

J'ADOOOORE LE SHOPPING !

J'AIME LA MODE, SOIGNER MON LOOK, ACHETER DES FRINGUES. VOILÀ TROIS BONNES RAISONS POUR FAIRE LES MAGASINS. JE PEUX Y PASSER DES JOURNÉES ENTIÈRES, ESSAYER 12 000 TENUES, ENFILER 300 PAIRES DE CHAUSSURES. ET QUAND C'EST LES SOLDES, ACCROCHEZ-VOUS, JE SUIS UNE VRAIE FASHION VICTIM !

ROBBY STAR
ROBBY STAR
ROBBY
AU SECOURS !!!
J'AI RIEN À ME METTRE !

QUEL TYPE DE FÊTE CHOISIR ?

'Y EN A POUR TOUS LES GOÛTS !

LA BOUM
ÇA C'EST CE QU'ON APPELLE DE LA BOUM! DE LA VRAIE! WOUHA HA HAHA!
HA HA HA HA HA HA HA
BOUGIES EXPLOSIVES
LA FÊTE DE FAMILLE
TU NE SAVAIS PAS QU'IL FALLAIT JAMAIS INVITER TONTON ALAIN AVEC TATA MARTINE?
TOK TOK TOK
LA FÊTE ENTRE FILLES
C'EST BIEN ICI LA TEUF DE LOLA?
DÉGAGE, MINO, J'T'AI RECONNU!
LA FÊTE ENTRE GARÇONS
C'EST UNE BONNE IDÉE LA FÊTE ENTRE MECS, MAIS PAS DE SLOW, PAR PITIÉ!
LA RAVE-PARTY
EH BEN, C'EST COMME ÇA QU'ILS FONT LA FÊTE?
ÇA DOIT ÊTRE ÇA, UNE RÊVE-PARTY!
LA FÊTE FORAINE
QU'EST-CE QU'ON GAGNE SI ON DÉGOMME TOUT?
UNE BONNE FESSÉE, ÇA IRA?
ET ENFIN... UNE FÊTE PAS DU TOUT AGRÉABLE
ÇA VA ÊTRE TA FÊTE!

OÙ FAIRE LA FÊTE ?

ON S'EN FOUT, DU MOMENT QU'ON S'AMUSE !

DANS TA CHAMBRE : C'EST SYMPA MAIS PAS TRÈS GRAND
LES PROCHAINS INVITÉS NE POURRONT JAMAIS RENTRER !
ON VA DANSER DES SLOWS, ON PRENDRA MOINS DE PLACE !
À L'ÉCOLE : C'EST GRAND MAIS PAS TRÈS SYMPA
DICTÉE SURPRISE : « L'ANNIVERSAIRE DE MINO » !
CELUI QUI FAIT ZÉRO FAUTE AURA DE LA TARTE
EH BEN C'EST PAS DU GÂTEAU !
CHEZ UN COPAIN : C'EST PRATIQUE, C'EST PAS TOI QUI FAIS LE MÉNAGE
TOUS SUR BASTIEN!!!
ARGL ! MON TUBE DE KETCHUP EST VIDE !?
!!!
PRENDS DE LA MAYO !
AU STADE DE FRANCE : UN ANNIVERSAIRE DE FOOT DE FOU !
JE ME DEMANDE BIEN CE QUE VOUS M'AVEZ OFFERT...
HAPPY BIRTHDAY TO YOU MINO !
DANS LA RUE : LA VILLE EST À TOI !
POURQUOI ON FÊTE TON ANNIVERSAIRE AUJOURD'HUI ? T'ES PAS NÉE LE 21 JUIN ?
NON, MAIS POUR L'AMBIANCE, LA FÊTE DE LA MUSIQUE C'EST GÉANT !
DANS UNE PISCINE : POUR CEUX QUI N'ONT PAS PEUR DE SE MOUILLER
BON ANNIVERSAIRE
MIAM, LE BON GÂTEAU ! JE SUIS SÛRE QUE TU EN AS L'EAU À LA BOUCHE, HEIN, JULIE ?
BLOUB BLOUB BLOUB BLOUB

TOUT POUR UNE TEUF RÉUSSIE

LE PENSE-BÊTE PAS BÊTE

ACHÈTE À MANGER
J'ESPÈRE QU'ON AURA ASSEZ…
COMBIEN ON SERA ?
QUATRE…
PROCURE-TOI DES BOISSONS
GRRR ! J'COMPRENDS MIEUX POURQUOI ELLE M'A FAIT ACHETER AUTANT DE BOUTEILLES !
PENSE À LA DÉCO
MAMAN, TU ES SÛRE QUE TU TE SOUVIENS DE MON ÂGE ?
POURQUOI TU ME DEMANDES ÇA ?
CHOISIS TON GÂTEAU
SI TU CONTINUES À FAIRE LA COMÉDIE, TU VAS PRENDRE UNE TARTE !
D'ACCORD, MAIS UNE TARTE AUX POMMES ALORS !
PRÉVOIS DES BOUGIES
OÙ TU LES AS TROUVÉES, TES BOUGIES ?
DANS UNE ÉGLISE. POURQUOI ?
ET SURTOUT, NE PAS OUBLIER LES INVITÉS !
BON ANNIVERSAIRE
J'SAVAIS BIEN QUE J'AVAIS OUBLIÉ QUELQUE CHOSE !

COMMENT S'HABILLER POUR LA FÊTE ?

CE SOIR JE SERAIS LA PLUS BELLE...

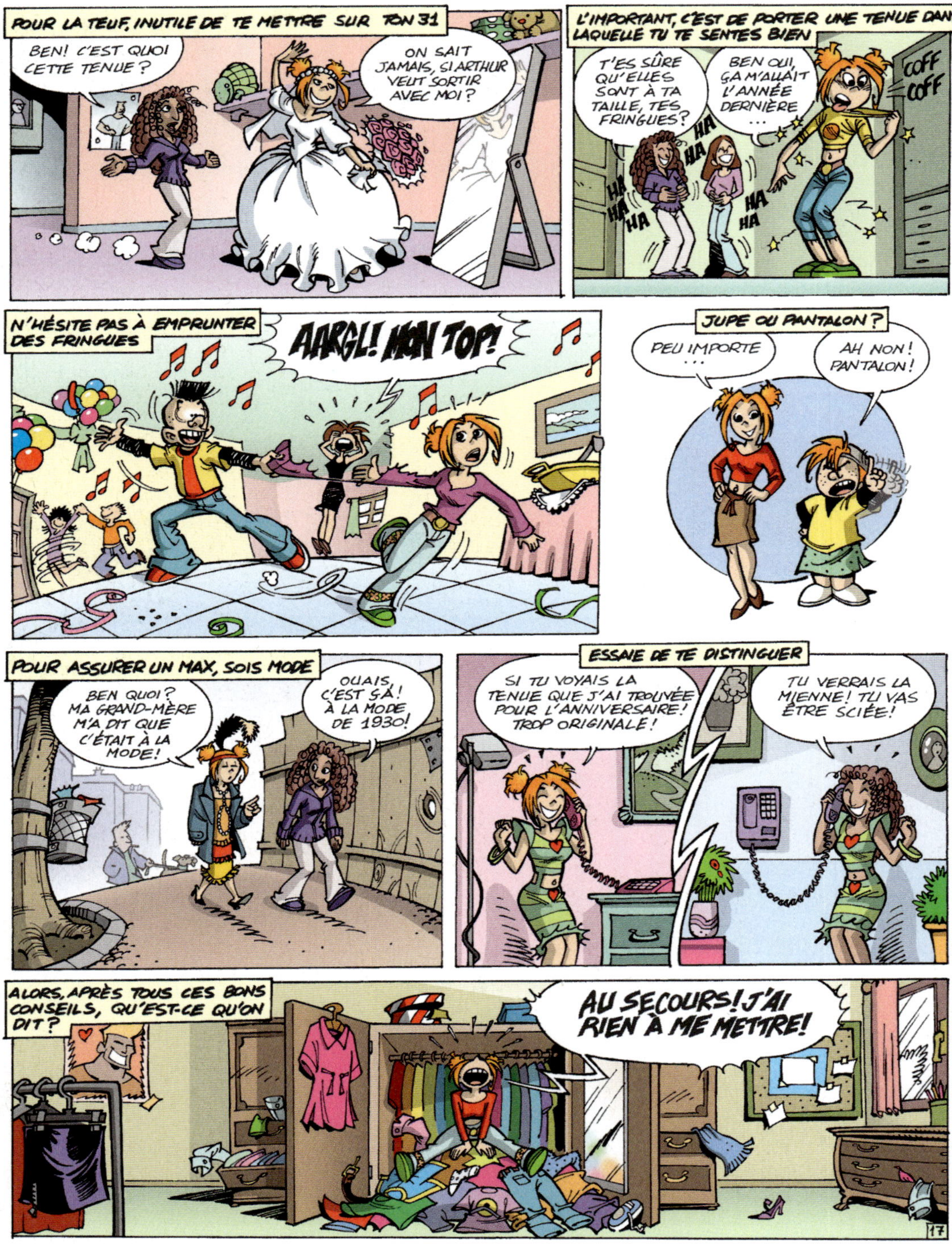
POUR LA TEUF, INUTILE DE TE METTRE SUR TON 31
BEN! C'EST QUOI CETTE TENUE?
ON SAIT JAMAIS, SI ARTHUR VEUT SORTIR AVEC MOI?
L'IMPORTANT, C'EST DE PORTER UNE TENUE DANS LAQUELLE TU TE SENTES BIEN
T'ES SÛRE QU'ELLES SONT À TA TAILLE, TES FRINGUES?
BEN OUI, ÇA M'ALLAIT L'ANNÉE DERNIÈRE...
COFF COFF
HA HA HA HA HA HA HA
N'HÉSITE PAS À EMPRUNTER DES FRINGUES
AARGL! MON TOP!
JUPE OU PANTALON?
PEU IMPORTE...
AH NON! PANTALON!
POUR ASSURER UN MAX, SOIS MODE
BEN QUOI? MA GRAND-MÈRE M'A DIT QUE C'ÉTAIT À LA MODE!
OUAIS, C'EST ÇA! À LA MODE DE 1930!
ESSAIE DE TE DISTINGUER
SI TU VOYAIS LA TENUE QUE J'AI TROUVÉE POUR L'ANNIVERSAIRE! TROP ORIGINALE!
TU VERRAIS LA MIENNE! TU VAS ÊTRE SCIÉE!
ALORS, APRÈS TOUS CES BONS CONSEILS, QU'EST-CE QU'ON DIT?
AU SECOURS! J'AI RIEN À ME METTRE!
17

POUR BIEN S'OCCUPER DES INVITÉS

7 COMMANDEMENTS À APPRENDRE PAR CŒUR

UN ACCUEIL CHALEUREUX TU FERAS. NE DIS PAS:
ENCORE DU MONDE? C'EST UN VRAI DÉFILÉ CET ANNIVERSAIRE!
DIS PLUTÔT: WAOUH, BENJAMIN! C'EST TROP GÉNIAL QUE T'AIES PU V'NIR!
DE LEUR CONFORT TU TE SOUCIERAS. NE DIS PAS:
RAAAH, POUSSE-TOI! T'ES DANS LE PASSAGE!
DIS PLUTÔT: C'EST SYMPA TOUT CE MONDE, ÇA FAIT DE BONNES VIBRATIONS!
À LEUR DONNER À BOIRE TU PENSERAS. NE DIS PAS:
J'EN SAIS RIEN SI'Y A DU KAKO CALO, T'AS QU'À CHERCHER TOUT SEUL
BIP BIP BIP BIP
DIS PLUTÔT: Y EN A PLUS, MAIS J'AI DU JUS DE BANANE, C'EST PRESQUE PAREIL.
DE FAIRE DANSER TU N'OUBLIERAS PAS. NE DIS PAS:
NAN, J'SAIS PAS DANSER!
DIS PLUTÔT: D'ACCORD, SI C'EST UN SLOW!
DANS LA BONNE HUMEUR LES BOUGIES TU SOUFFLERAS. NE DIS PAS:
VOUS ÊTES SÛR QU'IL N'Y EN PAS UNE DE TROP?
DIS PLUTÔT: ALLEZ! TOUT LE MONDE SOUFFLE AVEC MOI!
LE GÂTEAU AVEC TOUS TU PARTAGERAS. NE DIS PAS:
J'PRENDS TOUT, ÇA NE VOUS DÉRANGE PAS?
DIS PLUTÔT: VOUS EN REPRENDREZ BIEN UN TROISIÈME PART?
LES CADEAUX TU NE CRITIQUERAS PAS. NE DIS PAS:
C'EST TOUT?
DIS PLUTÔT: TOUT ÇA?

QUE FAIRE PENDANT UNE FÊTE ?

TOUT SAUF S'ENNUYER !

FAIRE LA TEUF
...BLA BLA BLA AGENCEMENT DE LA CANTINE ...
... BLA BLA BLA INFLATION SÉVÈRE...
C'EST QUAND QU'ON S'AMUSE ?
BEN, C'EST CE QU'ON FAIT, NON ?
RIGOLER
C'EST TOTO QUI RENTRE CHEZ LUI ET IL DIT : « AUJOURD'HUI, J'AI EU UN NEUF À L'ÉCOLE ! ». « EN QUELLE MATIÈRE ? » DIT SA MÈRE. ET TOTO RÉPOND : « EN CHOCOLAT ! »
HA HA HA HA HA HA HA
PARLER
WOUA HA HA ! J'ADORE DISCUTER AVEC TOI, MINO !
MOI J'AIME PAS ! MANGER TES POSTILLONS C'EST PAS MON TRUC !
MANGER
HÉ, MINO ! TU VIENS PAS GOÛTER ?
JE DÉVORE LOLA DES YEUX, ÇA ME SUFFIT !
DRAGUER
SALUT POUPÉE ! ÇA TE DIRAIT UN P'TIT SLOW AVEC MOI ?
GLOPS !
DANSER
DÉGAGE, GRONAZ !
BAFF !
WAOH ! QUEL DANSEUR !
BRAVO MINO !
CLAP CLAP CLAP CLAP CLAP CLAP CLAP CLAP

LE B.A. BA DU DJ

ENVOIE TOUT LE MONDE VALSER !

POUR FAIRE UN BON DJ, TU DOIS SAVOIR METTRE DE L'AMBIANCE
EH OUIII!!! L'ATMOSPHÈRE EST ÉLECTRIQUE ...CE SOIR!! NINOU VIENT DE FOUTRE UNE BAFFE À DJAMEL TANDIS QUE JULIE COLLE UNE DROITE À SA VOISINE ...YEAH!
CHOISIS DE LA BONNE MUSIQUE
PROUT
OUPS! PARDON!
DJ MINO
SOIS DISCRET
ET MAINTENANT, VOICI UN SLOW SPÉCIAL POUR QUE NINOU PUISSE EMBALLER CLÉMENT!
DJ MINO
ADAPTE-TOI AU PUBLIC
UNE SOURIS VERTE QUI COURAIT DANS L'HERBE, JE L'ATTRAPE PAR LA QUEUE, JE LA MONTRE À CES MESSIEURS...
ALLEZ LES P'TITS BOUTS D'CHOU, ON SE MET EN ROND ET ON DANSE!
SOIS DISPONIBLE
ALORS, ÇA VIENT?
TOC TOC TOC
HE, HO! J'PEUX PAS ALLER PLUS VITE QUE LA MUSIQUE!
ASSURE LA TECHNIQUE
ÇA Y EST, ON PEUT COMMENCER, J'AI FINI TOUS LES BRANCHEMENTS!
BEN LA FÊTE AUSSI, ELLE EST FINIE! GRRRR!
22

QUELLE MUSIQUE CHOISIR ?

FAIS TON HIT PARADE

TOUT EST PRÉVU, BRANCHÉ, INSTALLÉ...
NOOON, BASTIEN! LE DJ, C'EST PAS LA PEINE DE LE BRANCHER!
...IL NE RESTE PLUS QU'À CHOISIR LA ZIKMU
DE LA VARIÉTÉ
LA MER EST BLEUE LES OISEAUX CHANTEUH!
DU ROCK
LA MER EST BLEUE BLEUE BLEUE! LES OISEAUX CHANTENT CHANTENT CHANTENT
DU HARD ROCK
LA MÈRE EST POURRIE LES OISEAUX FIENTENT!
DU RAP
BLEU LA MER EST! LES ZO-OI TE-CHAN!
DE L'OPÉRA
LA MER EST BLEUUUUUUE! LES OISEAUX FONT CUI-CUI-CUIIIIIIIII!!!
CRRR
CRASH
CRASH
À QUEL VOLUME FAUT-IL METTRE LA MUSIQUE?
FAIBLE FORT TRÈS FORT
WE WILL ROCK YOU!
BOF!
FAIBLE FORT TRÈS FORT
WE WILL ROCK YOU
TAP TAP
YEAAH!
FAIBLE FORT TRÈS FORT
WE WILL ROCK YOU
WAOUH!
FAIBLE FORT TRÈS FORT
WE WILL ROCK YOU
HEIN?
23

COMMENT MENER LA DANSE ?

ET UN, ET DEUX, ET TROIS !

SI ON T'INVITE À DANSER, IL Y A 2 SITUATIONS.
1 TU SAIS DANSER
AAAH MINOOO! TU ME FAIS TOURNER LA TÊTE!
2 TU NE SAIS PAS DANSER
AAAH MINOOO! ARRÊTE! TU ME DONNES MAL À LA TÊTE!
SI TU NE SAIS PAS DANSER, TU AS 2 SOLUTIONS.
1 TU NE DANSES PAS
ÇA Y EST, TU T'ES AISSEZ GOINFRÉ ? VIENS ÉLIMINER, MAINTENANT!
2 TU APPRENDS À DANSER
À CE RYTHME-LÀ, TU DANSERAS PARFAITEMENT POUR TES 20 ANS...
SI TU APPRENDS À DANSER, TU AS 2 POSSIBILITÉS.
1 TU APPRENDS UNE DANSE COMPLIQUÉE
TU VEUX UN CONSEIL ?
OUI ...
METS-TOI AU BOWLING !
2 TU CHOISIS UNE DANSE SIMPLE
J'AIME BIEN T'APPRENDRE À DANSER ...
ON EST BIEN ENSEMBLE, HEIN ?
HOU HOU?!
JULIEN? TU DORS?
RRRRRRRRRR
TOUT ÇA BIEN ASSIMILÉ, TU PEUX DÉSORMAIS MENER LA DANSE
QUI VEUT FAIRE UN ROCK AVEC MOI ?

COMMENT S'INCRUSTER À UNE FÊTE ?

FAUT PAS SE LAISSER DÉMONTER !

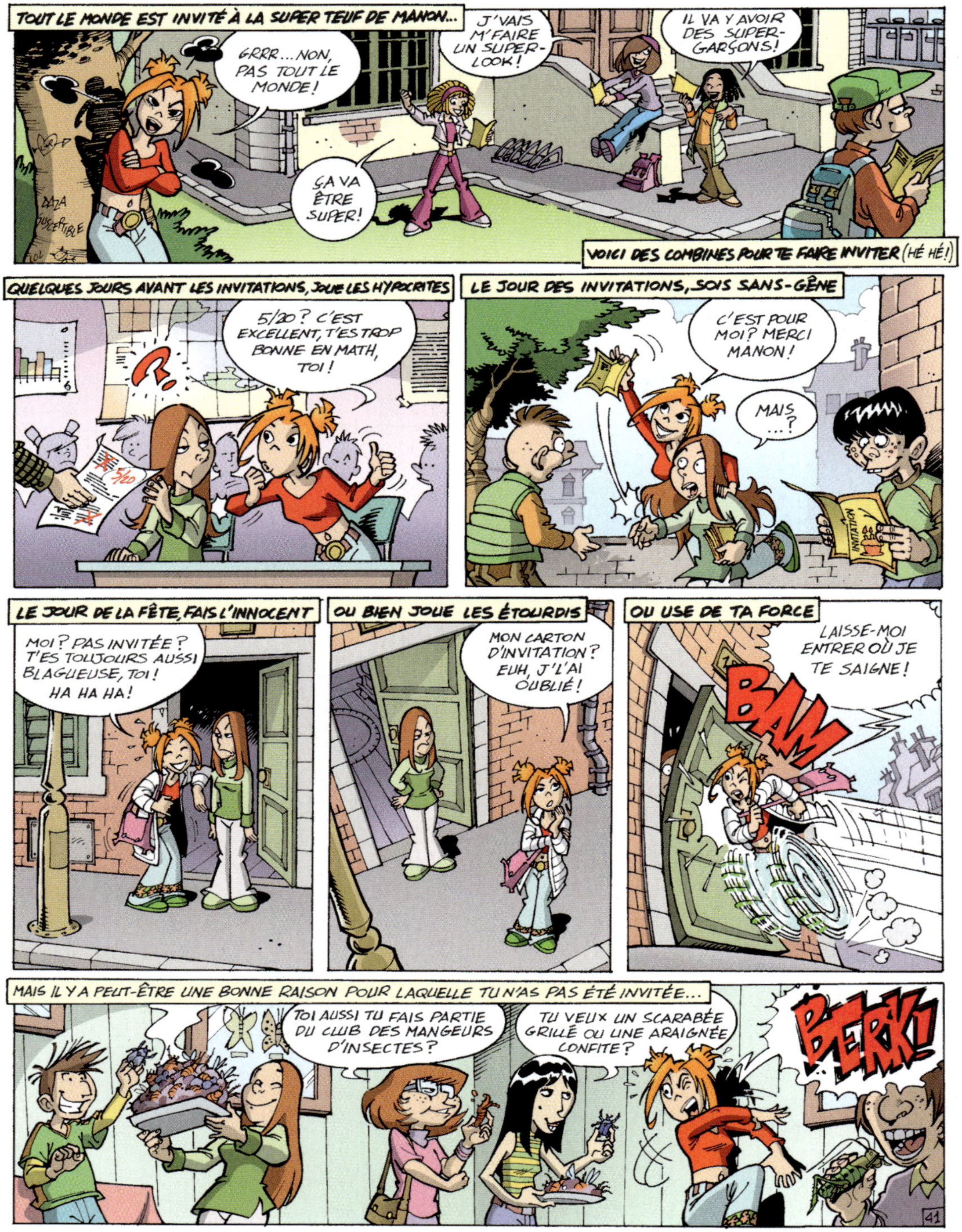
TOUT LE MONDE EST INVITÉ À LA SUPER TEUF DE MANON...
GRRR... NON, PAS TOUT LE MONDE !
J'VAIS M'FAIRE UN SUPER-LOOK !
IL VA Y AVOIR DES SUPER-GARÇONS !
ÇA VA ÊTRE SUPER !
VOICI DES COMBINES POUR TE FAIRE INVITER (HÉ HÉ !)
QUELQUES JOURS AVANT LES INVITATIONS, JOUE LES HYPOCRITES
5/20 ? C'EST EXCELLENT, T'ES TROP BONNE EN MATH, TOI !
LE JOUR DES INVITATIONS, SOIS SANS-GÊNE
C'EST POUR MOI ? MERCI MANON !
MAIS ...?
LE JOUR DE LA FÊTE, FAIS L'INNOCENT
MOI ? PAS INVITÉE ? T'ES TOUJOURS AUSSI BLAGUEUSE, TOI ! HA HA HA !
OU BIEN JOUE LES ÉTOURDIS
MON CARTON D'INVITATION ? EUH, J'L'AI OUBLIÉ !
OU USE DE TA FORCE
LAISSE-MOI ENTRER OÙ JE TE SAIGNE !
BAM
MAIS IL Y A PEUT-ÊTRE UNE BONNE RAISON POUR LAQUELLE TU N'AS PAS ÉTÉ INVITÉE...
TOI AUSSI TU FAIS PARTIE DU CLUB DES MANGEURS D'INSECTES ?
TU VEUX UN SCARABÉE GRILLÉ OU UNE ARAIGNÉE CONFITE ?
BERK !
41

MON SUPER ALBUM PHOTO !

COLLE ICI TES PHOTOS SOUVENIRS LES PLUS GÉNIALES !

COMMENT PASSER LE TEMPS ?

QUAND ON S'ENNUIE TOUTE SEULE

DÉVORER DES LIVRES
Gémeaux : période calme en ce moment. Vous allez trouver le temps long…
NANA MAG
FAIRE DES COLLECTIONS
ENCORE UNE NOUVELLE JUPE ?
JE NE L'AVAIS PAS DANS MA COLLEC' !
PARLER DE TOUT ET DE RIEN
QU'EST-CE QU'ON FAIT ?
CHAIS PAS !
JOUER À LA STAR
LALAALALA LALAAA
NINOU, POURQUOI LE CHAT HURLE-T-IL COMME ÇA ?
FAIRE DES GÂTEAUX
SLURP
MÍOM
MIAM
GLORF
MÍOM
GOINFR
HIPS
CHOMP
BURB
HOULÀ! FAUDRAIT PEUT-ÊTRE QUE J'ARRÊTE LA PÂTISSERIE, MOI ?
RELOOKER SA CHAMBRE
WOUAAAÏE !
TU RELOOKES TON DOIGT ?
SI J'AVAIS UN MARTEAU
FAIRE DE LA PEINTURE
EUH… C'EST PAS TOUT À FAIT CE QUE JE VOULAIS DIRE !
COLOR

COMMENT ÉVITER QUE TA MÈRE TE PIQUE TES AFFAIRES ?

DES SUPERS COMBINES TESTÉES ET APPROUVÉES !

EN ACHETANT DES VÊTEMENTS TROP PETITS
HIER LES SOCQUETTES BLANCHES, AUJOURD'HUI LA JUPE PLISSÉE,
ET DEMAIN, TU VAS SORTIR EN COUCHE CULOTTE ?
WUUUUUUUU
EN PORTANT DES FRINGUES NULLES
CHER!
TRÈS CHER!
?
MARCHE À 3 MÈTRES DE MOI, S'IL TE PLAÎT !
EN FERMANT TA PORTE
QUELLE IDÉE DE LAISSER LA CLEF DU CADENAS À L'INTÉRIEUR !
CRIC
CLIC
EN CHANGEANT DE LOOK
TU N'AS PLUS QUE DU ROUGE À LÈVRES NOIR ?
ROBBY STAR
EN PORTANT TOUT D'UN COUP
TU SORS COMME ÇA ? ON AURA TOUT VU !
NANA MAG
?
PFFH
RAAH
EN PIQUANT LES HABITS DE TA MÈRE
ELLE EST À MOI, CETTE JUPE !
SI TU VEUX, JE TE LA PRÊTE !
ET, LA TECHNIQUE IMPARABLE : EN FAISANT DU NUDISME !
DEPUIS QUE TU NE T'HABILLES PLUS, JE FAIS DES ÉCONOMIES...
...VIENS VOIR LE SUPERBE MANTEAU QUE JE ME SUIS ACHETÉ !
GRR!

COMMENT FAIRE CROIRE QUE TU T'ES LAVÉ ?

L'ART DE SE JETER À L'EAU SANS SE MOUILLER

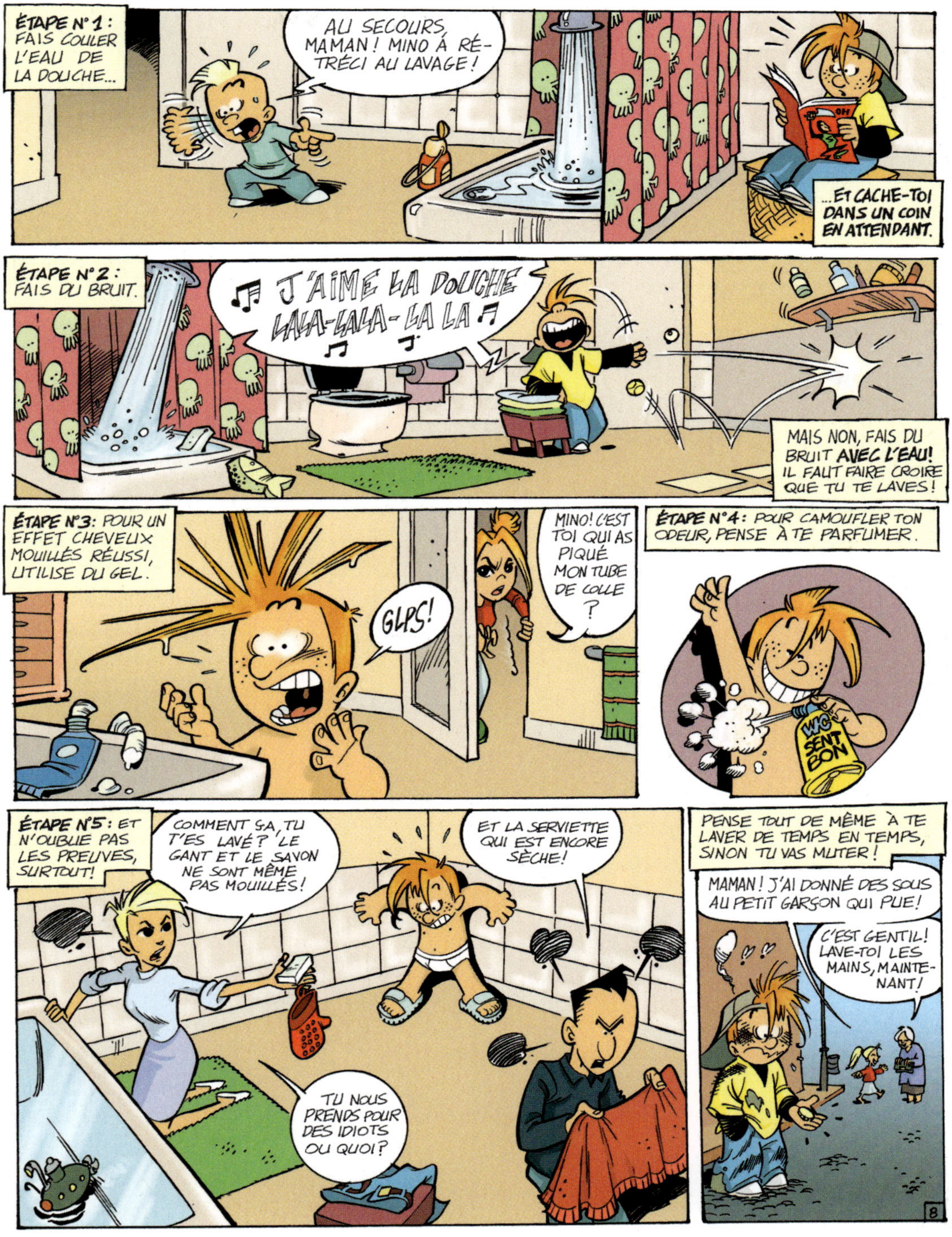
ÉTAPE N°1 : FAIS COULER L'EAU DE LA DOUCHE...
AU SECOURS, MAMAN ! MINO A RÉTRÉCI AU LAVAGE !
...ET CACHE-TOI DANS UN COIN EN ATTENDANT.
ÉTAPE N°2 : FAIS DU BRUIT.
J'AIME LA DOUCHE LALA-LALA-LA LA
MAIS NON, FAIS DU BRUIT AVEC L'EAU ! IL FAUT FAIRE CROIRE QUE TU TE LAVES !
ÉTAPE N°3 : POUR UN EFFET CHEVEUX MOUILLÉS RÉUSSI, UTILISE DU GEL.
GLPS !
MINO ! C'EST TOI QUI AS PIQUÉ MON TUBE DE COLLE ?
ÉTAPE N°4 : POUR CAMOUFLER TON ODEUR, PENSE À TE PARFUMER.
WC SENT BON
ÉTAPE N°5 : ET N'OUBLIE PAS LES PREUVES, SURTOUT !
COMMENT ÇA, TU T'ES LAVÉ ? LE GANT ET LE SAVON NE SONT MÊME PAS MOUILLÉS !
ET LA SERVIETTE QUI EST ENCORE SÈCHE !
TU NOUS PRENDS POUR DES IDIOTS OU QUOI ?
PENSE TOUT DE MÊME À TE LAVER DE TEMPS EN TEMPS, SINON TU VAS MUTER !
MAMAN ! J'AI DONNÉ DES SOUS AU PETIT GARÇON QUI PUE !
C'EST GENTIL ! LAVE-TOI LES MAINS, MAINTENANT !
8

COMMENT ÉVITER UNE CORVÉE ?

RANGER SA CHAMBRE OU LAVER LA VAISSELLE, GALÈRE, GALÈRE...

MINO! TU VIENS M'AIDER À LAVER LA VOITURE?
GASP! LAVER LA VOITURE AU MOMENT OÙ JE DOIS COMBATTRE CE RASCAL DE DARK SLIPOR! AU SECOURS!
6782
BIP BIP BIP
C'EST MAINTENANT QU'IL FAUT RUSER PLACE À LA TECHNIQUE DU POURQUOI!
POURQUOI IL FAUT LAVER LA VOITURE?
PARCE QU'ELLE EST SALE!
BIP BIP BIP BIP
POURQUOI ELLE EST SALE, LA VOITURE?
PARCE QU'IL Y A BEAUCOUP DE POUSSIÈRE DEHORS!
BIP
POURQUOI IL Y A DE LA POUSSIÈRE DEHORS?
PARCE QU'IL Y A DE LA POLLUTION!
BIP BIP BIP BIP BIP BIP BIP
POURQUOI IL Y A DE LA POLLUTION?
C'EST À CAUSE DES ACTIVITÉS DE L'HOMME!
BIP BIP BIP BIP BIP BIP
C'EST QUOI, LES ACTIVITÉS QUI POLLUENT LA PLANÈTE?
PLEIN DE CHOSES, ON REJETTE DES GAZ TOXIQUES, ON GASPILLE DE L'EAU ...
BIP BIP BIP BIP BIP BIP BIP BIP BIP
BEN SI ON LAVE LA VOITURE ON VA GÂCHER DE L'EAU, ON VA ÊTRE DES KILLERS DE LA NATURE?
EUH... OUI, C'EST VRAI! TU AS RAISON. À PARTIR D'AUJOURD'HUI ON NE LAVE PLUS LA VOITURE!
BIP BIP BIP BIP BIP
YEAAAAH! GAGNÉ!
JE ME DEMANDE SI JE NE ME SUIS PAS FAIT AVOIR, LÀ ...

COMMENT ÉVITER QUE TON PÈRE TE PIQUE TA CONSOLE ?

BONS PLANS !

QUELQUES PLANS D'ENFER SUPER EFFICACES !

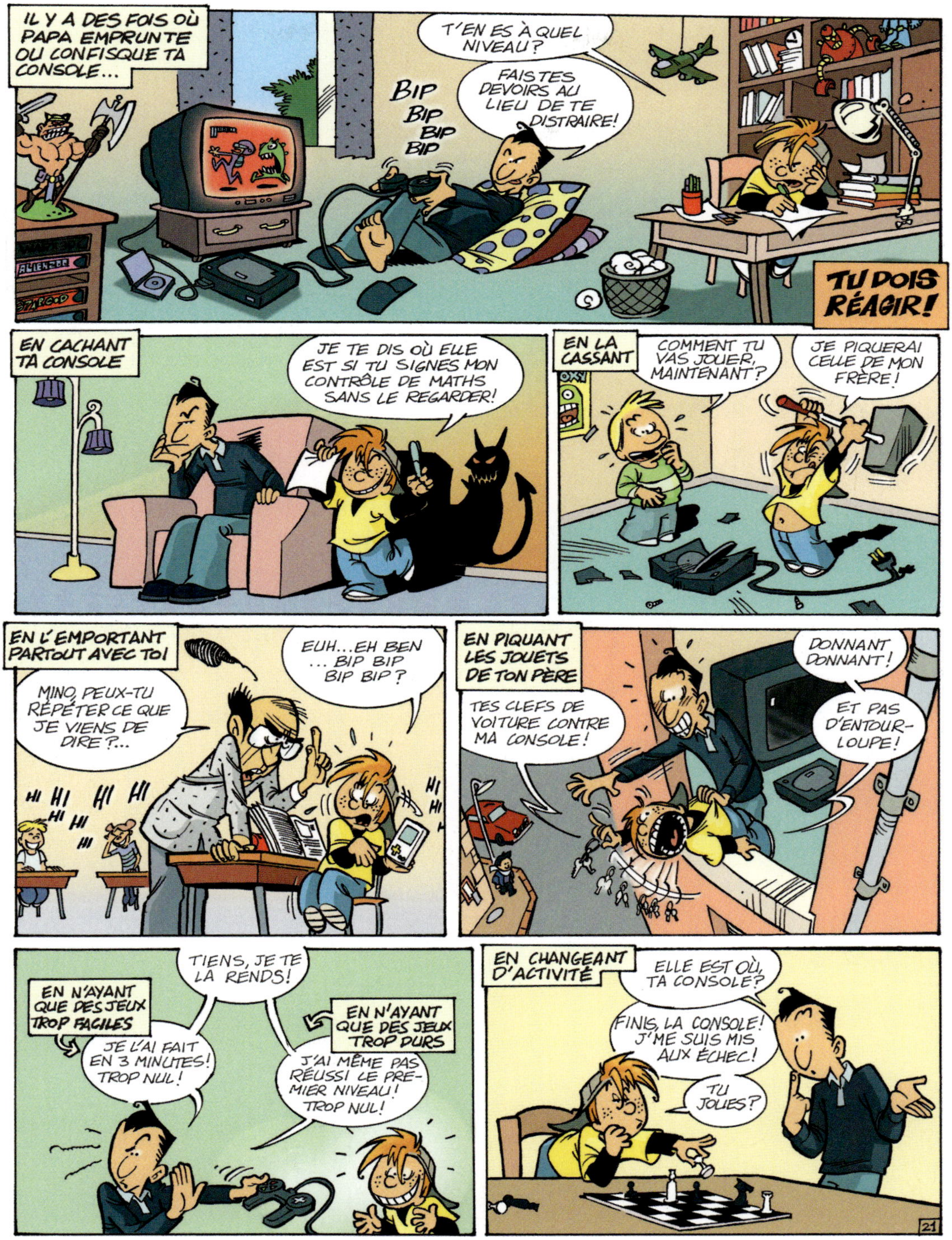

IL Y A DES FOIS OÙ PAPA EMPRUNTE OU CONFISQUE TA CONSOLE...
BIP BIP BIP BIP
T'EN ES À QUEL NIVEAU ?
FAIS TES DEVOIRS AU LIEU DE TE DISTRAIRE !
TU DOIS RÉAGIR !
EN CACHANT TA CONSOLE
JE TE DIS OÙ ELLE EST SI TU SIGNES MON CONTRÔLE DE MATHS SANS LE REGARDER !
EN LA CASSANT
COMMENT TU VAS JOUER, MAINTENANT ?
JE PIQUERAI CELLE DE MON FRÈRE !
EN L'EMPORTANT PARTOUT AVEC TOI
MINO, PEUX-TU RÉPÉTER CE QUE JE VIENS DE DIRE ?...
EUH... EH BEN ... BIP BIP BIP BIP ?
HI HI HI HI HI HI HI HI HI
EN PIQUANT LES JOUETS DE TON PÈRE
TES CLEFS DE VOITURE CONTRE MA CONSOLE !
DONNANT DONNANT !
ET PAS D'ENTOURLOUPE !
EN N'AYANT QUE DES JEUX TROP FACILES
TIENS, JE TE LA RENDS !
JE L'AI FAIT EN 3 MINUTES ! TROP NUL !
EN N'AYANT QUE DES JEUX TROP DURS
J'AI MÊME PAS RÉUSSI LE PREMIER NIVEAU ! TROP NUL !
EN CHANGEANT D'ACTIVITÉ
ELLE EST OÙ, TA CONSOLE ?
FINIS, LA CONSOLE ! J'ME SUIS MIS AUX ÉCHEC !
TU JOUES ?

COMMENT S'OCCUPER SANS CONSOLE ?

SI SI, C'EST POSSIBLE !

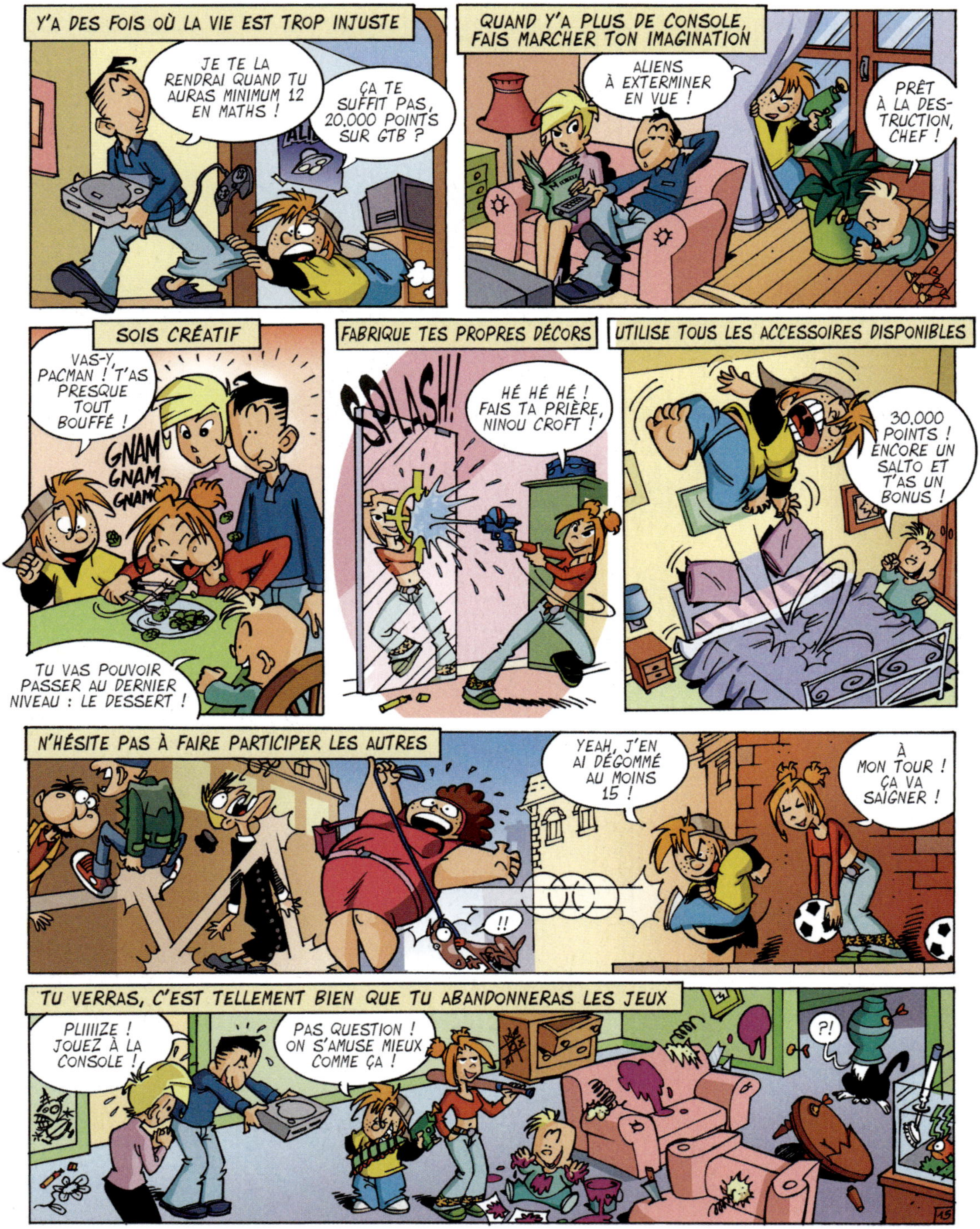

Y'A DES FOIS OÙ LA VIE EST TROP INJUSTE
JE TE LA RENDRAI QUAND TU AURAS MINIMUM 12 EN MATHS !
ÇA TE SUFFIT PAS, 20.000 POINTS SUR GTB ?
QUAND Y'A PLUS DE CONSOLE, FAIS MARCHER TON IMAGINATION
ALIENS À EXTERMINER EN VUE !
PRÊT À LA DESTRUCTION, CHEF !
SOIS CRÉATIF
VAS-Y, PACMAN ! T'AS PRESQUE TOUT BOUFFÉ !
GNAM GNAM GNAM
TU VAS POUVOIR PASSER AU DERNIER NIVEAU : LE DESSERT !
FABRIQUE TES PROPRES DÉCORS
SPLASH!
HÉ HÉ HÉ ! FAIS TA PRIÈRE, NINOU CROFT !
UTILISE TOUS LES ACCESSOIRES DISPONIBLES
30.000 POINTS ! ENCORE UN SALTO ET T'AS UN BONUS !
N'HÉSITE PAS À FAIRE PARTICIPER LES AUTRES
YEAH, J'EN AI DÉGOMMÉ AU MOINS 15 !
À MON TOUR ! ÇA VA SAIGNER !
!!
TU VERRAS, C'EST TELLEMENT BIEN QUE TU ABANDONNERAS LES JEUX
PLIIIZE ! JOUEZ À LA CONSOLE !
PAS QUESTION ! ON S'AMUSE MIEUX COMME ÇA !
?!

COMMENT ÉVITER D'ALLER À L'ÉCOLE ?

SIX ASTUCES ESSAYÉES ET APPROUVÉES !

LA CRISE DE FOIE
MINO ? C'EST TOI QUI AS MANGÉ TOUT LE STOCK DE CHOCOLAT ?
BWWEEUURK ! POURQUOI TU CROIS ÇA ?
PARCE QUE DEMAIN T'AS UN CONTRÔLE D'ANGLAIS !
L'ALERTE À LA BOMBE
SOS, IL FAUT INTERDIRE L'ENTRÉE DU COLLÈGE, ÇA VA SAUTER !
VITE !
LA DISPARITION DES CLÉS
! OÙ SONT LES CLÉS DE LA VOITURE, BON SANG ?!
COMMENT ON VA FAIRE, PAPA ?
EH BIEN TU IRAS À L'ÉCOLE À PIED, C'EST TOUT ! ET EN COURANT !
L'AMNÉSIE TEMPORAIRE
TU NE VAS PAS À L'ÉCOLE AUJOURD'HUI ?
L'ÉCOLE ? C'EST QUOI L'ÉCOLE ? JE NE CONNAIS PAS CE MOT !
ET MON PIED AUX FESSES, TU CONNAIS ?
LE MOT D'EXCUSE
Veuillé excusé mino qui serra absan pendent toutte la cemen-ne des contraules car il et trait mallade est il ne fau pa trot le fattigué.
LA RÉVOLTE ENRAGÉE
NINOU ! OUVRE ! JE TE PRÉVIENS, JE VAIS DÉFONCER LA PORTE SI TU T'OBSTINES !
J'VEUX PLUS ALLER À L'ÉCOLE, C'EST FINI ! J'EN SAIS ASSEZ !!
ROCK
27

COMMENT FAIRE (FACILEMENT) UN EXPOSÉ ?

ON VA TE FAIRE LA LEÇON...

ÉVITE LES SUJETS TROP COMPLIQUÉS
LE CHÂTEAU DE RATSAMHAUSEN A ÉTÉ BATI VERS 1200. IL COMPORTE UNE TOUR RECTANGULAIRE AVEC DES FENÊTRES ET DES CHEMINÉES, ET BLA BLA BLA...
ZZZ
CHOISIS UN THÈME QUE TU CONNAIS BIEN
JE SUIS NÉE EN...
SI TU NE CONNAIS AUCUN SUJET, INVENTES-EN UN...
LA PARDOLUTION DES ORPÉOPTÈRES A LIEU AU MOIS DE MARS...
TON PROF NE POURRA PAS VÉRIFIER TES AFFIRMATIONS
PRÉVOIS DE LA DOCUMENTATION
LA TOUR EIFFEL SE TROUVE QUELQUEPART SUR CETTE CARTE...
APPORTE DES CHOSES À MONTRER À TES CAMARADES
IL EST BEAU CE ROUGE !
ÇA ME VA CETTE COULEUR ?
J'AI AUSSI QUELQUES CRÈMES ANTI-RIDES...
SOIS BREF, CONCIS ET CLAIR
RÉTINE + NERF OPTIQUE + ENCÉPHALE = IMAGES...
ÇA SAUTE AUX YEUX !
ET SI AVEC TOUT ÇA TU N'OBTIENS PAS 20/20...
ET C'EST ALORS QUE HUGUES CAPET...
NINOU, ARRÊTE TES DISCOURS ET PLONGE !
C'EST QUE TU T'ES TROMPÉ DE COURS !

COMMENT FAIRE SIGNER LES MAUVAISES NOTES ?

HOU LA LA ! C'EST PAS ÉVIDENT !

BONS PLANS !

EN PRATIQUANT LA POLITIQUE DU PIRE ET DU MEILLEUR
MAMAN, J'AI EU 1 EN GÉO...
TU TE MOQUES DE MOI ?
MAIS NON, JE BLAGUE, J'AI EU 2 !
EN PERDANT LA MÉMOIRE
COMBIEN TU AS EU À TON CONTRÔLE ?
JE SAIS PLUS...
ENTRE 0 ET 20 JE CROIS...
À PEU PRÈS.
EN POSANT UNE DEVINETTE
TU AS EU DES NOTES, AUJOURD'HUI ?
J'AI EU 50% D'UN 18, MULTIPLIÉ PAR 2 ET DIVISÉ PAR 6...
?!?
EN DÉTOURNANT L'ATTENTION
T'AS VU LA CATASTROPHE QU'IL Y A EU ?
OU ÇA ?
DANS MON CONTRÔLE DE FRANÇAIS ! J'AI EU ZÉRO !
EN TÉLÉPHONANT AVANT
PAPA, PRENDS DEUX CALMANTS, UNE BONNE TISANE ET ASSIEDS-TOI, J'ARRIVE AVEC UNE MAUVAISE NOTE !
EUURRGH !
EN RELATIVISANT LES CHOSES
D'ACCORD J'AI EU UN 3, MAIS J'AURAIS PU N'AVOIR QUE 2 !
OU 1 ! OU ZÉRO, MÊME !
'FAUT VOIR LE BON CÔTÉ DES CHOSES ! SOIS POSITIF !
ET SI TU N'OSES VRAIMENT PAS, EMPLOIE UN INTERMÉDIAIRE
NINOU ELLE A EU UN 2 EN ANGLAIS ET MINO UN 3 EN SVT.
EH BIEN ! JE NE LES FÉLICITE PAS !
TU VAS LES PUNIR, HEIN ?
35

COMMENT TE FAIRE REMARQUER ?

LA RÈGLE N°1 POUR DEVENIR UNE STAR

DIFFUSE TES CHANSONS SUR INTERNET
MINO DESTROY TA TRONCHE
ALORS, T'EN PENSES QUOI ?
SOIS AU BON ENDROIT AU BON MOMENT
NOUS VENONS DE VOIR EN DIRECT LA DESTRUCTION D'UNE CABINE PUBLIQUE PAR LA VILLE...
QUE ? HEIN ?
BAOUM
TOILETTES
FAIS UN MAX DE CASTINGS
VA TE DÉBARBOUILLER, T'ES TOUT SALE !
J'SUIS PAS SALE, JE SUIS DÉGUISÉ EN BLACK, ÇA LE FAIT, NON ?
PARTICIPE À TOUS LES SPECTACLES QUE TU PEUX
JE VOIS PAS MINO, IL JOUE QUEL RÔLE ?
CELUI DE L'ARBRE À DROITE !
SOIS TRÈS BON DANS TON DOMAINE
MINO ! ICI TOUT DE SUITE ! GRRR !
JE CROIS QUE T'ES MEILLEUR QUE MOI POUR ÉNERVER MAMAN !
JE SAIS, JE SAIS !
ESSAIE DE PASSER À LA TÉLÉ PAR TOUS LES MOYENS
C'EST BIEN VOUS QUI MARTYRISEZ VOTRE ENFANT ?
QUOI ?
OUI, OUI, C'EST LUI, ENTREZ !

TEST

QUEL ÂGE AS-TU VRAIMENT ?

J'AI 40 ANS
MAIS JE ME
SOIGNE !

POUR SAVOIR L'ÂGE QUE TU AS, C'EST SIMPLE : TU DÉDUIS TON ANNÉE DE NAISSANCE DE L'ANNÉE EN COURS ET TU OBTIENS TON ÂGE OFFICIEL.

TU NE COMPRENDS PAS ? EH BEN ! T'ES PAS DOUÉ EN MATHS, TOI !

PRENDS UN PAPIER ET UN CRAYON, JE T'EXPLIQUE : SI TU ES NÉ EN 1922 ET QU'ON EST EN 2008, TU RETIRES 1922 DE 2008, ÇA DONNE 86, DONC ÇA VEUT DIRE QUE TU AS 86 ANS ET TU N'AS RIEN À FAIRE ICI ! C'EST LE GUIDE DES JUNIORS, CE BOUQUIN, C'EST PAS LE GUIDE DES SENIORS ! ALLEZ HOP, VA VOIR CHEZ MÉMÉ SI J'Y SUIS !

REPRENONS !

PAR EXEMPLE TU AS 13 ANS. MAIS PEUT-ÊTRE QUE TU AS PLUS. OU MOINS. ÇA DÉPEND DE PLEIN DE CHOSES.

COMMENT LE SAVOIR ? C'EST SUPER FACILE. RÉPONDS AUX QUESTIONS CI-DESSOUS ET EN FONCTION DE TES RÉPONSES, AJOUTE OU RETIRE DES ANNÉES. À LA FIN DU TEST, TU CONNAÎTRAS TON ÂGE VÉRITABLE. C'EST COOL, NON ?

1 **EN CLASSE, TU ES :**

LE PLUS GRAND .... + 1
LE PLUS NUL .... + 0
LE PLUS PETIT .... - 1

LA LANGUE FRANÇAISE VIENT DU LATIN VULGAIRE QUE L'ON PARLAIT EN GAULE BLA BLA BLA BLA BLA BLA BLA ....
ALORS, MINO, ELLE TE PLAÎT CETTE ÉMISSION ÉDUCATIVE ?

2 TON ÉMISSION DE TÉLÉ PRÉFÉRÉE C'EST :

BONNE NUIT LES PETITS .... - 2
LA NOUVELLE STAR ACADÉMIE À KOH LANTA .. + 0
LA VIE DES GRANDS PENSEURS GRECS .... + 8

3 POUR DORMIR IL TE FAUT :

UNE TÉTINE ET UNE BERCEUSE .. - 8
UN BON COUP SUR LE CRÂNE ... + 0
UN WHISKY ET DU HARD ROCK .. + 6

4 TA MAMAN T'APPELLE :

MON BÉBÉ ROSE .... - 6
PAR TON PRÉNOM .... + 0
MON VIEUX .... + 53

5 TON TEMPS LIBRE, TU LE PASSES À :

JOUER À LA POUPÉE .... - 7
JOUER À LA CONSOLE .... + 0
JOUER AU CASINO .... + 7

J'AIME AUSSI LES PELUCHES !!

6 TU VAS À L'ÉCOLE :

- EN POUSSETTE .... - 5
- À PIED .... + 0
- À MOTO .... + 5

ELLE EST À TOI ! TU PEUX PASSER LE PERMIS IMMÉDIATEMENT !
WAHOU !

7 POUR TON ANNIVERSAIRE, IL Y A :

- PLUS DE GÂTEAU QUE DE BOUGIES ... - 9
- AUTANT DE GÂTEAU QUE DE BOUGIES + 0
- PLUS DE GÂTEAU QUE DE BOUGIES . + 79

8 LA DERNIÈRE BÊTISE QUE TU AS FAITE :

- RENVERSER TA BOUILLIE .... - 8
- NE PAS FAIRE TON EXO DE MATH .... - 0
- DÉTRAQUER LE PHOTOCOPIEUR DU BUREAU + 8

PSSSS!

RÉSULTATS

ÇA Y EST, T'AS FINI. TU CALCULES ET T'ARRIVES À COMBIEN ?

SI TU AS + : TU DOIS ÊTRE CONTENT. TU VAS POUVOIR DIRE À TES PARENTS QU'ILS ARRÊTENT DE TE TRAITER COMME UN BÉBÉ !

SI TU AS - : BON D'ACCORD, ÇA FAIT PAS TOUJOURS PLAISIR MAIS TACHE D'EN PROFITER POUR REFUSER DE FAIRE CERTAINES CORVÉES EN DISANT QUE CE N'EST PAS DE TON ÂGE !!!

LES DIFFÉRENTS TYPES D'AMOUREUX ET D'AMOUREUSES

TOUS PLUS CHOUX LES UNS QUE LES AUTRES

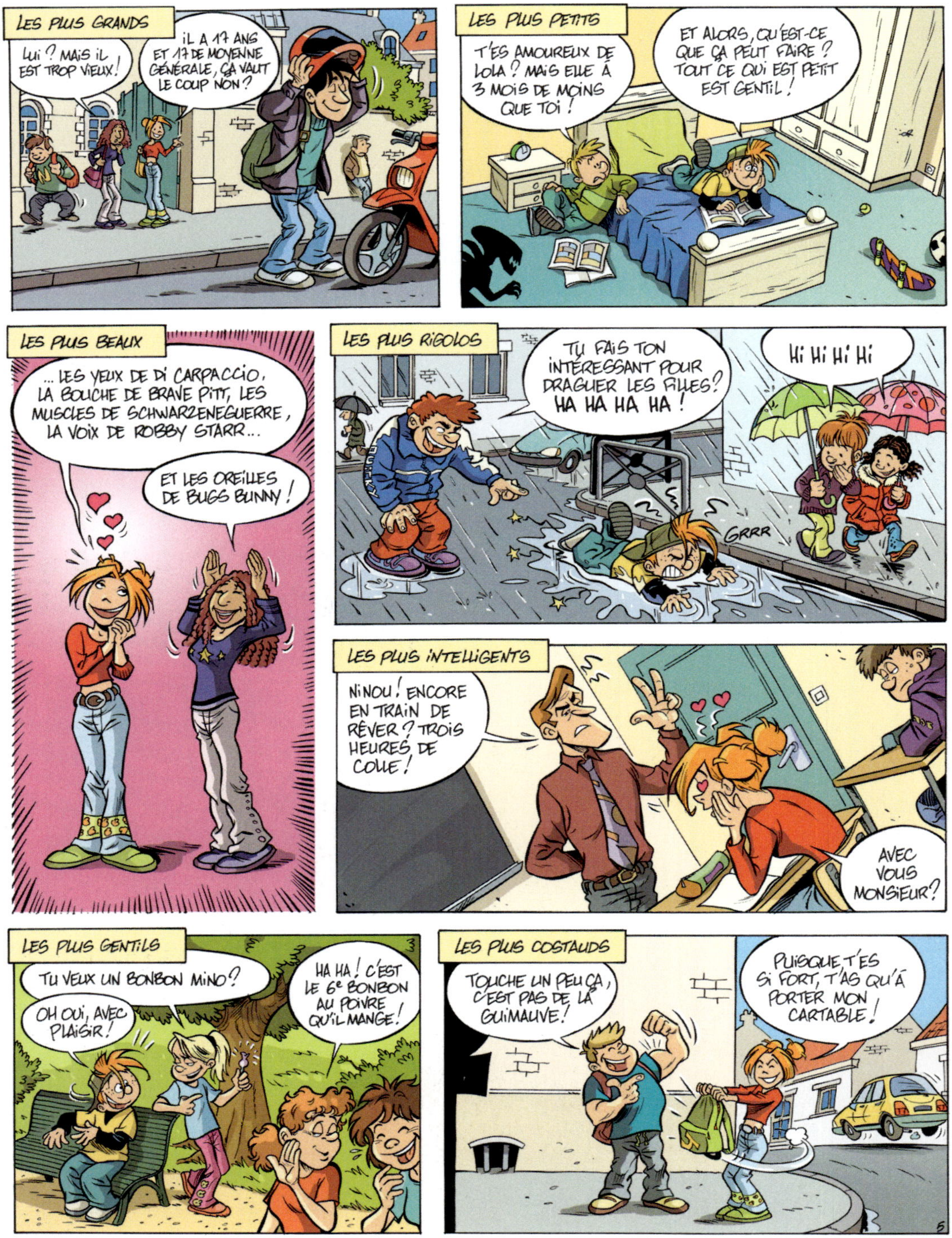
LES PLUS GRANDS
LUI ? MAIS IL EST TROP VIEUX !
IL A 17 ANS ET 17 DE MOYENNE GÉNÉRALE, ÇA VAUT LE COUP NON ?
LES PLUS PETITS
T'ES AMOUREUX DE LOLA ? MAIS ELLE A 3 MOIS DE MOINS QUE TOI !
ET ALORS, QU'EST-CE QUE ÇA PEUT FAIRE ? TOUT CE QUI EST PETIT EST GENTIL !
LES PLUS BEAUX
... LES YEUX DE DI CARPACCIO, LA BOUCHE DE BRAVE PITT, LES MUSCLES DE SCHWARZENEGUERRE, LA VOIX DE ROBBY STARR...
ET LES OREILLES DE BUGS BUNNY !
LES PLUS RIGOLOS
TU FAIS TON INTÉRESSANT POUR DRAGUER LES FILLES ? HA HA HA HA !
HI HI HI HI
GRRR
LES PLUS INTELLIGENTS
NINOU ! ENCORE EN TRAIN DE RÊVER ? TROIS HEURES DE COLLE !
AVEC VOUS MONSIEUR ?
LES PLUS GENTILS
TU VEUX UN BONBON MINO ?
OH OUI, AVEC PLAISIR !
HA HA ! C'EST LE 6e BONBON AU POIVRE QU'IL MANGE !
LES PLUS COSTAUDS
TOUCHE UN PEU ÇA, C'EST PAS DE LA GUIMAUVE !
PUISQUE T'ES SI FORT, T'AS QU'À PORTER MON CARTABLE !

À QUOI RESSEMBLE LA FILLE DE TES RÊVES ?

C'EST LA PLUS GÉNIALE DE L'UNIVERS !

ELLE EST BELLE COMME UNE STAR
EUH... LOLA, TU VEUX ÊTRE MA CAVALIÈRE POUR LA BOUM DE SAMEDI ?
INSCRIS-TOI SUR LA LISTE D'ATTENTE !
ELLE JOUE À LA CONSOLE COMME UN GARÇON
SCHLANG ! PAF ! NAZZZ ! 25350 À 0 ! T'ES COMPLÈTEMENT RÉTAMÉ PAUV' MEC !
SALE TRICHEUSE DE FILLE !
BIP BIP BIP BIP
BIP BIP BIP
BIP BIP
ELLE FAIT TES DEVOIRS À TOUTE VITESSE
50 EUROS OU J'DIS AU PROF QUE C'EST MOI QUI L'AI FAIT À TA PLACE.
C'EST QUOI CE CHANTAGE ? QUELLE ARNAQUEUSE CELLE-LÀ !
ELLE TE DONNE SON DESSERT À LA CANTINE TOUS LES JOURS
MINO IL EST AMOUREUX ! MINO IL EST AMOUREUX !
IL EST SURTOUT GOURMAND !
ELLE DIT À TOUS TES COPAINS QUE TU EMBRASSES SUPER BIEN
AVEC LA LANGUE ?!
OUAIS MON POTE ! T'AS QU'À DEMANDER À LOLA SI TU M'CROIS PAS.
ELLE ADMIRE TOUT CE QUE TU FAIS
3 DE MOYENNE GÉNÉRALE !
TU VEUX FINIR CLOCHARD OU QUOI ?
EH BEN LOLA ELLE A DIT QUE C'ÉTAIT PAS GRAVE.
ELLE AIME TE FAIRE DES CADEAUX
POUR MOI ?! QU'EST-CE QUE C'EST ?
UN GANT DE TOILETTE ET DU SAVON !
6

À QUOI RESSEMBLE TON PRINCE CHARMANT ?

À UNE GRENOUILLE À QUI ON FAIT UN BISOU !

80% DES FILLES PRÉFÈRENT LES GARÇONS GENTILS
JE VIENS CONSOLER NINOU PARCE QU'ELLE A EU UN 4 EN HISTOIRE.
QUOI ?!
GRRR ! QUEL CRÉTIN !
75% DES FILLES AIMENT LES MECS PROTECTEURS
VOS PAPIERS S'IL VOUS PLAÎT !
TENEZ, JE VOUS AI MIS MON NUMÉRO DE TÉLÉPHONE AVEC...
70% DES FILLES CRAQUENT POUR DES RIGOLOS
HA HA HA ! T'ES TROP MARRANT AVEC TON NEZ DE CLOWN !
Z'EST BAS UN DÉGUISEMENT, Z'EST LE RHUBE DE VOINS !
PAF
60% DES FILLES ADORENT LES BEAUX MECS
QU'EST-CE QUE C'EST QUE ÇA ?
IL EST TROP MIGNON, J'AI PEUR QU'ON ME LE PIQUE !
!
!
35% DES FILLES SONT SÉDUITES PAR L'INTELLIGENCE
QUI VEUT FAIRE L'EXPOSÉ DE MATH AVEC EINSTEIN ?
MOI !
MOI !
MOI !
MOI !
MOI !
MOI !
MOI !
40% DES FILLES EXIGENT UN BON LOOK
TU AS VU COMME IL EST BIEN HABILLÉ CE JEUNE HOMME ?
WAHO ! TU M'ÉTONNES ! T'AS DU GOÛT, POUR UNE FOIS.
ALIMEN
30% DES FILLES FONDENT DEVANT LES MECS ORIGINAUX
IL EST PAS BEAU, IL A L'AIR BÊTE, IL EST MAL HABILLÉ !..
C'EST POUR ÇA QUE JE L'ADORE, IL EST PAS COMME LES AUTRES !

QUI DRAGUER OR NOT DRAGUER ?

THAT IS THE QUESTION !

TU PEUX DRAGUER...
LES FILLES ET LES GARÇONS DE TA CLASSE
ALORS, QUEL EST L'HEUREUX ÉLU QUE JE VAIS DRAGUER CETTE ANNÉE ?
LE DIRECTEUR !
LES FILLES ET LES GARÇONS DE TON QUARTIER
T'ES DÉJÀ EN PYJAMA, MINO ? À 8 HEURES ?
ARRGL !
LES COPAINS ET COPINES DE TON FRÈRE OU DE TA SOEUR
TU DANSES ?
DÉGAGE MINO ! TU VAS TE FAIRE MARCHER DESSUS !
CHTOING CLING
TU NE PEUX PAS DRAGUER...
LES CHÉRI(E)S DE TES MEILLEURS COPAINS ET COPINES
ALEX ?
HUGO ?
PRIS !
GILDAS ?
PRIS !
LUCAS ?
PRIS !
PRIS !..
LES PROFS QUI TE DONNENT DES MAUVAISES NOTES
TA DÉCLARATION EST SYMPATHIQUE, MAIS IL Y A 3 PROBLÈMES : 1) JE SUIS MARIÉE. 2) SI C'EST COMME ÇA QUE TU COMPTES AUGMENTER TA MOYENNE, C'EST PAS GAGNÉ...
...ET 3) TU VAS ME CORRIGER TES FAUTES IMMÉDIATEMENT !
HA HA HA HA
TA STAR PRÉFÉRÉE
I LOVE YOU OUH OUH
ROBBY LIVE
MOI AUSSI JE T'AIME, ROBBY !
ROBBY STAR ON TOUR

FAUT-IL SORTIR AVEC QUELQU'UN DE TA CLASSE ?

LE POUR ET LE CONTRE

POUR : VOUS ÊTES ENSEMBLE TOUTE LA JOURNÉE
C'EST GÉNIAL, ON A LE MÊME EMPLOI DU TEMPS, LES MÊMES PROFS, LES MÊMES DEVOIRS...
7/20
7/20
... ET LES MÊMES NOTES GRRR !
CONTRE : VOUS RISQUEZ DE VOUS ISOLER DU MONDE
JE BRÛLE D'AMOUR POUR TOI !
WOUiiiiii WOUiiiiii WOUiiiiii
MOI AUSSI ! TU ME RÉCHAUFFES LE CŒUR
POUR : VOUS POUVEZ VOUS SURVEILLER L'UN L'AUTRE
À QUI T'ÉCRIS ?
AU PROF DE MATHS, JE FAIS MON EXERCICE ! PAS TOI ?
CONTRE : VOUS ÊTES AU CENTRE DES POTINS
DEMANDEZ "COLLÈGE HEBDO" TOUT SUR LE CRACH ENTRE NINOU ET ARTHUR
COLLÈGE HEBDO
QUOI ?
POUR : VOUS POUVEZ RÉVISER ENSEMBLE
ELLE FAIT ENCORE SES DEVOIRS NINOU ?
OUI, QU'EST-CE QU'ELLE EST SÉRIEUSE DEPUIS QU'ELLE SORT AVEC ARTHUR !
CONTRE : C'EST L'HORREUR QUAND TOUT EST FINI !
POUR MON SUJET LIBRE, J'AI FAIT UNE RÉDACTION SUR LE THÈME : "COMMENT SE DÉBARRASSER D'UN MEC TROP COLLANT !"
GLPS !

OÙ TROUVER DES Z'AMOUREUX ?

UN GUIDE PRATIQUE

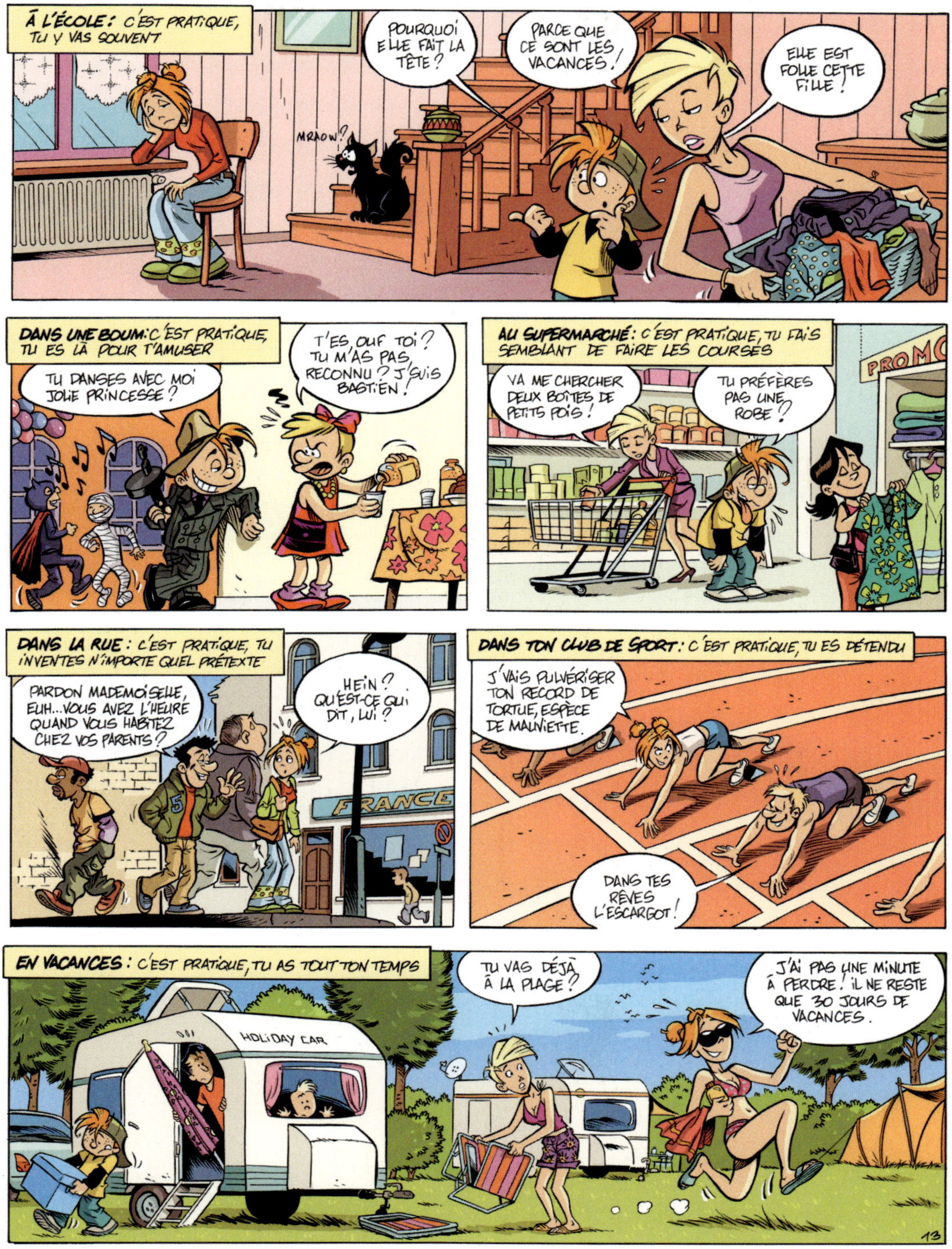
À L'ÉCOLE : C'EST PRATIQUE, TU Y VAS SOUVENT
MRAOW ?
POURQUOI ELLE FAIT LA TÊTE ?
PARCE QUE CE SONT LES VACANCES !
ELLE EST FOLLE CETTE FILLE !
DANS UNE BOUM : C'EST PRATIQUE, TU ES LÀ POUR T'AMUSER
TU DANSES AVEC MOI JOLIE PRINCESSE ?
T'ES OUF TOI ? TU M'AS PAS RECONNU ? J'SUIS BASTIEN !
AU SUPERMARCHÉ : C'EST PRATIQUE, TU FAIS SEMBLANT DE FAIRE LES COURSES
PROMO
VA ME CHERCHER DEUX BOÎTES DE PETITS POIS !
TU PRÉFÈRES PAS UNE ROBE ?
DANS LA RUE : C'EST PRATIQUE, TU INVENTES N'IMPORTE QUEL PRÉTEXTE
PARDON MADEMOISELLE, EUH... VOUS AVEZ L'HEURE QUAND VOUS HABITEZ CHEZ VOS PARENTS ?
HEIN ? QU'EST-CE QUI DIT, LUI ?
FRANCE
DANS TON CLUB DE SPORT : C'EST PRATIQUE, TU ES DÉTENDU
J'VAIS PULVÉRISER TON RECORD DE TORTUE, ESPÈCE DE MAUVIETTE.
DANS TES RÊVES L'ESCARGOT !
EN VACANCES : C'EST PRATIQUE, TU AS TOUT TON TEMPS
HOLIDAY CAR
TU VAS DÉJÀ À LA PLAGE ?
J'AI PAS UNE MINUTE À PERDRE ! IL NE RESTE QUE 30 JOURS DE VACANCES.

OÙ DÉCLARER SA FLAMME ?

LES MEILLEURS ENDROITS POUR FAIRE LE JOLI CŒUR...

DANS L'INTIMITÉ
ARTHUR, TU ES MON ROI ET, JE T'AIME !
TU PARLES TOUTE SEULE MAINTENANT ?
DANS UN COIN SOMBRE
JE T'AIME ! JE T'AIME ! JE T'AIME !
MOI AUSSI ! MOI AUSSI ! MOI AUSSI !
CHUT !
CHUT !
CHUT !
CHUT !
CHUT !
EN PUBLIC
MLLE. NINOU EST INFORMÉE QUE M. ARTHUR EST FOU D'ELLE ! JE RÉPÈTE...
LA HONTE !
GRAND VERT PROMOTION
SOUS UN BALCON
C'EST TOI QUE J'AIMEEE !
MOI ?
QUI ÇA ?
MOI ?
MOI ?
MOI ?
EN PLEIN TRAVAIL
LE CŒUR ACCÉLÈRE SES PULSATIONS QUAND IL VOIT ARTHUR ET ALORS LE SANG VA REMPLIR LES DEUX VENTRICULES...
PENDANT UNE FÊTE
NINOU, C'EST TOI QUE JE PRÉFÈRE
QUOI ? TU VEUX ENCORE DU DESSERT ?
NON, JE DIS QUE JE NE PENSE QU'À TOI
AU CHOCOLAT ? D'ACCORD.
EN MANGEANT
JE T'AIME BEAUCOUP LOULOU... J'AIMERAIS BIEN QUE TU SOIS MON COPAIN CHÉRI...
D'ACCORD SI TU ME DONNES TA PART DE GÂTEAU.

T'ASSURES OU T'ASSURES PAS ?

POUR FAIRE CRAQUER LES FILLES ET LES GARÇONS

À QUELQU'UN QUI TE PLAÎT, ON NE DIT PAS :
MIAM, MIAM, T'ES TROP BONNE, TOI !
ON DIT : "MIAM, MIAM, TU ES BELLE À CROQUER"
À UN PREMIER RENDEZ-VOUS, ON NE DIT PAS :
J'AI AMENÉ MON PETIT FRÈRE, ON VA LUI FAIRE RÉVISER SES LEÇONS.
ON DIT : "LUI ? J'LE CONNAIS PAS !"
AU CINÉMA, ON NE DIT PAS :
SI TU VEUX DES POP CORNS, T'AS QU'À T'EN PAYER !
CROCK
POP CORN
ON DIT : "ON PARTAGE SI TU ME FAIS UN BISOU"
À LA PISCINE, ON NE FAIT PAS :
VIENS PAR ICI, Y'A UN BAIN DE BULLES !
PROUT
ON DIT : "J'AI FAIT PIPI POUR RÉCHAUFFER L'EAU"
EN CLASSE, ON NE DIT PAS :
ÇA SERT À RIEN DE COPIER, J'AI PAS APPRIS MA LEÇON.
PRINTEMPS DES ÉCOLES
ON DIT : "SI TU VOIS PAS BIEN, SERRE-TOI CONTRE MOI"
DANS UNE FÊTE, ON NE DIT PAS :
TIENS, PUISQUE T'AIMES LA CHANTILLY, EN V'LA UNE BONNE DOSE !
SPLASH
ON DIT : "TIENS, UN PEU DE CHANTILLY POUR MA DÉLICIEUSE LOLA !"
DANS UNE LETTRE, ON N'ÉCRIT PAS :
WEURD
WINDOSE
Aimé, cé pa se regardé l'un l'otre, cé regardé ansemble dent la maine diraiksion !
ON ÉCRIT SANS FAUTE D'ORTHOGRAPHE !

CONSEILS POUR ÉVITER DE SE PRENDRE UN RÂTEAU

TESTÉ AVEC AMOUR !

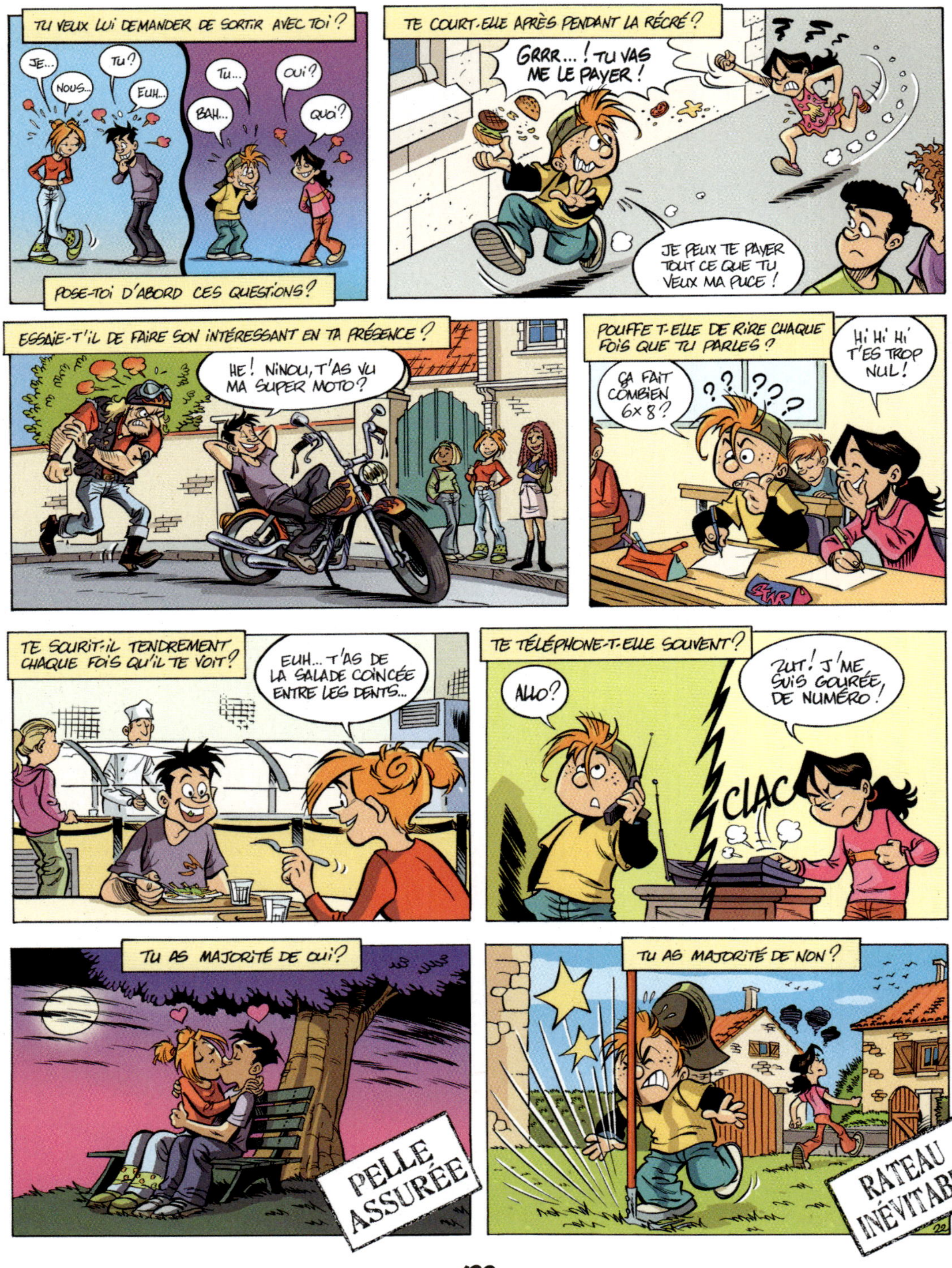

TU VEUX LUI DEMANDER DE SORTIR AVEC TOI ?
JE...
NOUS...
TU ?
EUH...
TU...
OUI ?
BAH...
QUOI ?
POSE-TOI D'ABORD CES QUESTIONS ?
TE COURT-ELLE APRÈS PENDANT LA RÉCRÉ ?
GRRR... ! TU VAS ME LE PAYER !
JE PEUX TE PAYER TOUT CE QUE TU VEUX MA PUCE !
ESSAIE-T'IL DE FAIRE SON INTÉRESSANT EN TA PRÉSENCE ?
HE ! NINOU, T'AS VU MA SUPER MOTO ?
POUFFE-T-ELLE DE RIRE CHAQUE FOIS QUE TU PARLES ?
ÇA FAIT COMBIEN 6×8 ?
HI HI HI T'ES TROP NUL !
TE SOURIT-IL TENDREMENT CHAQUE FOIS QU'IL TE VOIT ?
EUH... T'AS DE LA SALADE COINCÉE ENTRE LES DENTS...
TE TÉLÉPHONE-T-ELLE SOUVENT ?
ALLO ?
ZUT ! J'ME SUIS GOURÉE DE NUMÉRO !
CLAC
TU AS MAJORITÉ DE OUI ?
PELLE ASSURÉE
TU AS MAJORITÉ DE NON ?
RATEAU INÉVITABLE

COMMENT LUI DIRE « JE T'AIME » ?

MOI VOULOIR TOI !

FAIS-LE SAVOIR PAR UN COPAIN
LOLA, JE T'AIME !..
... C'EST DE LA PART DE
Hiiiii ! MOI AUSSI JE T'AIME !
GRRR
ÉCRIS-LUI UN MOT DOUX
TU ES SÛRE QUE C'EST LA BONNE TRADUCTION ?
TRADUIRE:
Je vis à la Campagne.
I Love you
C'EST CELLE DE MON CŒUR MONSIEUR
FAIS-LUI DU PIED
ÇA T'APPRENDRA À MENTIR !
COMME ÇA MAINTENANT, TU PEUX VRAIMENT TE VANTER QUE JE T'AI FAIT DU PIED !
TÉLÉPHONE-LUI
SALUT NINOU, C'EST ARTHUR, C'EST L'ÉCLATE AVEC TOI, J'TE KIFFE TROP GRAVE, COMME MEUF !..
???
OFFRE-LUI UN CADEAU
QU'EST-CE QUI TE FERAIT PLAISIR NINOU ?
QUE TU PARTES VIVRE SUR UNE ÎLE DÉSERTE !
FAIS-LUI UN BAISER PASSIONNÉ
HÉ PETIT, T'ENDORT PAS !
MAINTENANT, IL FAUT LUI FAIRE UN MASSAGE CARDIAQUE
GRRR ! IL POUVAIT PAS M'OUBLIER CELUI-LÀ !

6 CARTES
POUR AVOIR LA CLASSE !

POUR TE FACILITER LA VIE !

CARTE ANTI-SIGNATURE

L'Éducation nationale certifie que

..

n'a pas besoin de faire signer ses contrôles et ses bulletins de notes par ses parents.

CARTE DE LOISIRS

Le ministre de l'Éducation certifie que l'élève ....

peut assister à tous les cours avec un téléphone portable, une console de jeux, une BD, ou tout autre objet de son choix pour passer le temps en classe.

POUR PAS TE PRENDRE LA TÊTE !

POUR AVOIR TOUJOURS LE SOURIRE !

La Fédération Nationale du Poil à Gratter

décerne à ....
le titre honorifique de

SUPER DÉCONN EUR / EUSE

En conséquence, il ou elle pourra faire des bêtises en classe sans se faire réprimander. De plus, il ou elle sera la star de la cour de récré et tous les autres élèves devront rire de ses blagues, farces et autres âneries.

EXCEPTIONNEL !

À UTILISER À L'ÉCOLE AUSSI SOUVENT QUE NÉCESSAIRE.

CARTE DE DISPENSE DE DEVOIRS

Attribuée à ....

L'élève ci-dessus est trop occupé(e) le soir à regarder la télé, jouer à la console, téléphoner aux copains et copines et autres amusements. Il ne faut donc lui donner ni devoir ni leçon.

Tout professeur qui ne respecterait pas cette obligation serait viré immédiatement.

FINI LES SOIRÉES DEVOIR !

Carte de CHOUCHOU

Nous soussignés, professeurs et directeurs de tous les établissements scolaires, décidons que

....

ne doit jamais avoir d'heures de colle, de lignes à copier ou toute autre punition, même en cas de retard ou de devoirs non faits, car cet (te) élève est trop sympa et trop cool. Il ne faut donc pas l'embêter avec ça. C'est compris ?

À TOI TOUS LES PRIVILÈGES

CARTE DE SURDOUÉ(E)

Le ministre de l' École declare que l'élève ....

aura automatiquement une note moyenne de :

☐ **10 sur 10** ☐ **15 sur 15** ☐ **20 sur 20** ☐ **25 sur 20**

dans les matières suivantes :

☐ **Mathématiques**
☐ **Français**
☐ **Histoire / Géo**
☐ **Autres : ....**

(cocher les cases correspondantes)

EINSTEIN C'EST TOI !

ET ALORS, POURQUOI C'EST SUPER D'ÊTRE UN GARÇON ?

QUARTE BONNES RAISONS PARMI UN MILLIARD D'AUTRES !

PARCE QUE TU ES LE PETIT CHÉRI DE TA MAMAN
T'ES BIEN HABILLÉ ?
T'AS PRIS UN GOÛTER ?
T'AS PAS FROID ?
FAIS-MOI UN BISOU QUAND MÊME...
GRRR
PARCE QUE TON PÈRE EST TON SUPER-COPAIN
PAPA, C'EST TROP GÉNIAL ! ENCORE UN TOUR, D'ACCORD ?
LUNA PARK
PARCE QUE LES GARÇONS SONT LES PLUS MEILLEURS
'Y A PAS À DIRE, POUR LES BÊTISES, T'ES VRAIMENT LE ROI !
YEES ! J'SUIS TROP BON !
PARCE QUE LES FILLES ADORENT LES GARÇONS
SWISH !
ELLES SONT TOUTES À NOS PIEDS !

ET ALORS, POURQUOI C'EST GÉNIAL D'ÊTRE UNE FILLE ?

QUATRE SUPER RAISONS PARMI DES TONNES D'AUTRES !

PARCE QUE TU ES COMPLICE AVEC TA MAMAN
NINOU, JE PRENDS TON JEAN ROUGE !
GÉNIAL, JE VAIS POUVOIR M'ÉCLATER !
ATTENTION, MAMAN, J'AI LAISSÉ DE L'ARGENT DANS UNE POCHE...

PARCE QUE TON PÈRE TE CONSIDÈRE COMME SA PRINCESSE
SON ALTESSE NINOU VEUT-ELLE DES CHOCOLATS ?
JE PRÉFÉRERAIS PLUTÔT QUELQUES COMPLIMENTS, ESCLAVE...

PARCE QUE LES FILLES SONT ENTHOUSIASTES
YEAAAEEH
GÉNIAL ! SUPER ! C'EST FOU ! DÉLIRE ! JE SUIS LA PLUS HEUREUSE DE L'UNIVERS !
T'INQUIÈTE PAS, C'EST NORMAL, ELLE A SIMPLEMENT RETROUVÉ SON STYLO BLEU !
?!
YEAH !

PARCE QUE TU FAIS CE QUE TU VEUX DES GARÇONS
LAP
LAP
SLURP
ARFH
HI HI HI, ARTHUR, TU ME CHATOUILLES !
QUEL LÈCHE-BOTTES, CELUI-LÀ !

ET ALORS, POURQUOI C'EST SUPER LES PARENTS ?

QUATRE RÉPONSES PARMI UNE INFINITÉ D'AUTRES !

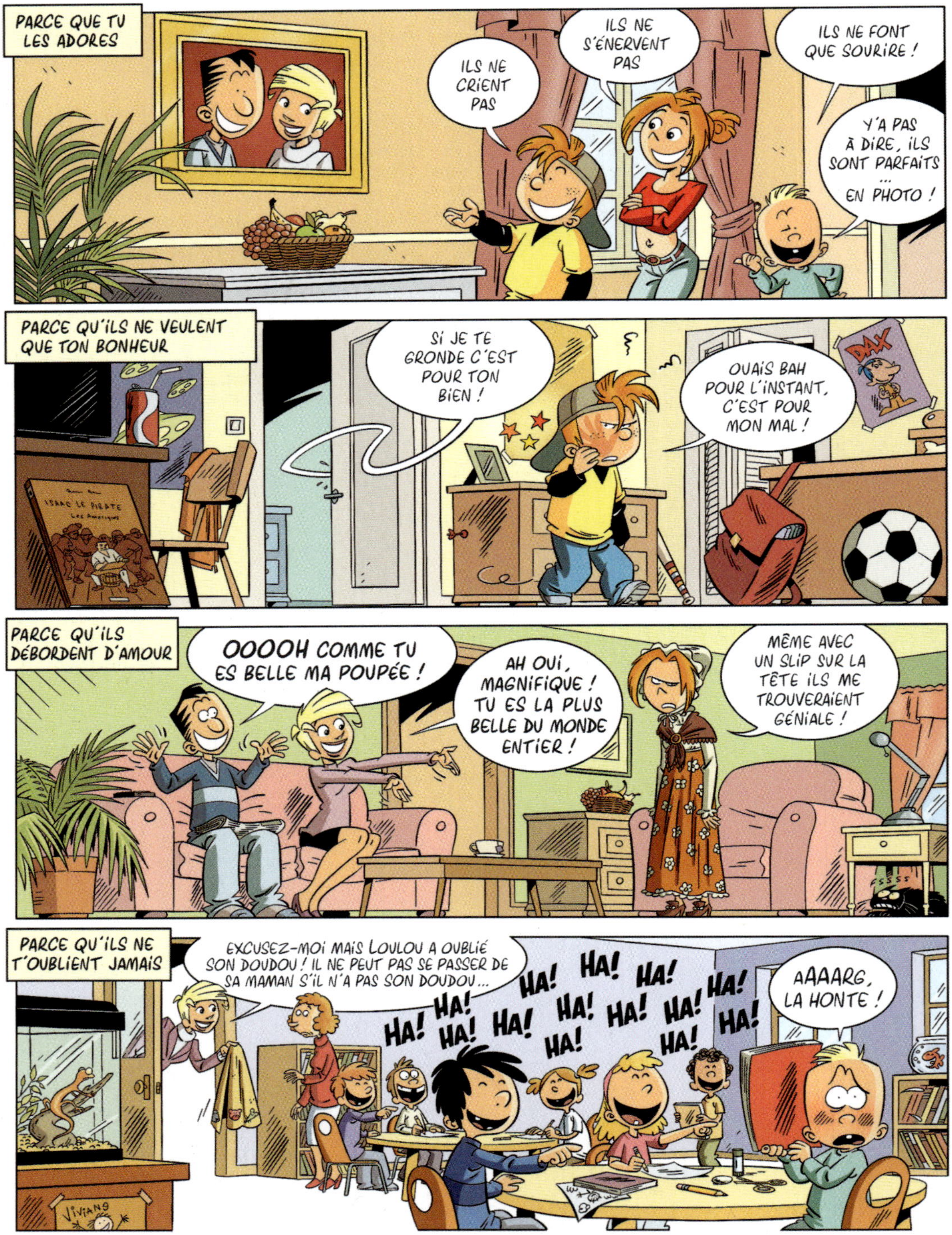
PARCE QUE TU LES ADORES
ILS NE CRIENT PAS
ILS NE S'ÉNERVENT PAS
ILS NE FONT QUE SOURIRE !
Y'A PAS À DIRE, ILS SONT PARFAITS ... EN PHOTO !
PARCE QU'ILS NE VEULENT QUE TON BONHEUR
SI JE TE GRONDE C'EST POUR TON BIEN !
OUAIS BAH POUR L'INSTANT, C'EST POUR MON MAL !
DAX
PARCE QU'ILS DÉBORDENT D'AMOUR
OOOOH COMME TU ES BELLE MA POUPÉE !
AH OUI, MAGNIFIQUE ! TU ES LA PLUS BELLE DU MONDE ENTIER !
MÊME AVEC UN SLIP SUR LA TÊTE ILS ME TROUVERAIENT GÉNIALE !
PARCE QU'ILS NE T'OUBLIENT JAMAIS
EXCUSEZ-MOI MAIS LOULOU A OUBLIÉ SON DOUDOU ! IL NE PEUT PAS SE PASSER DE SA MAMAN S'IL N'A PAS SON DOUDOU...
HA! HA! HA! HA! HA! HA! HA! HA! HA! HA! HA! HA! HA! HA! HA! HA!
AAAARG, LA HONTE !

ET ALORS, POURQUOI C'EST GÉNIAL UN ANNIVERSAIRE ?

QUATRE RÉPONSES PARMI UNE MULTITUDE D'AUTRES !

PARCE QU'ON A PLEIN DE CADEAUX
HAPPY BIRTHDAY! VIVE NINOU!
MAIS C'EST PAS TON ANNIVERSAIRE AUJOURD'HUI !
CHUUT! NE DIS RIEN! C'EST UN FAUX PRÉTEXTE POUR AVOIR PLEIN DE CADEAUX !
PARCE QU'ON MANGE DU GÂTEAU
JOYEUX ZANNIV! VIVE MINO!
MAIS, C'EST PAS TON ANNIVERSAIRE AUJOURD'HUI !
CHUUT! ÉCRASE! J'AI INVENTÉ ÇA POUR AVOIR PLEIN DE GÂTEAUX!
PARCE QU'ON FAIT LA FÊTE
BON ANNIVERSAIRE!
MAIS C'EST PAS TON ANNIVERSAIRE AUJOURD'HUI!
CHUUT! TAIS-TOI! JE LEUR AI DIT ÇA POUR FAIRE UNE MÉGA TEUF!
PARCE QUE ÇA N'ARRIVE PAS TOUS LES JOURS
SMACK! SMACK! MON PETIT MINO!
MAIS, C'EST PAS TON ANNIVERSAIRE AUJOURD'HUI !
EH BEN, DIS-LUI VITE POUR QU'ELLE ME LÂCHE! J'EN PEUX PLUS!

ET ALORS, POURQUOI C'EST SUPER L'ÉCOLE ?

QUATRE BONNES RÉPONSES QUI TE DONNERONT 20/20 !

PARCE QUE TU Y APPRENDS À LIRE
AAAARGL ! HORREUR !
ROBBY STAR SE MARIE !
JE TE L'AVAIS DIT QU'IL NE FALLAIT PAS SAVOIR LIRE !
PARCE QUE TU Y APPRENDS À ÉCRIRE
LE DIRLO AI UN GROZ NAZE DE CHE NAZE
GRRRR ! ET EN PLUS Y A DES FAUTES !
PARCE QUE TU Y APPRENDS À COMPTER
10 000... 20 000... 30 000... 40 000... HÉ HÉ...
ÇA VA, ON A COMPRIS !
ON LE SAIT QUE T'AS GAGNÉ !
PARCE QUE L'ÉCOLE EST UNE CHANCE
IL Y A DES PAYS OÙ LES ENFANTS NE PEUVENT PAS ALLER À L'ÉCOLE !
C'EST OÙ, C'EST OÙ ? JE VEUX VIVRE LÀ-BAS ! TOUT DE SUITE !

ET ALORS, POURQUOI C'EST SUPER L'AMOUR ?

QUATRE RAISONS PARMI UNE FOULE D'AUTRES !

PARCE QUE L'AMOUR ÇA EFFACE TOUS LES SOUCIS !
MINO ET LOLA, DEUX HEURES DE COLLE SAMEDI, ÇA VOUS APPRENDRA À PARLER PENDANT LES COURS !
VOUS POURRIEZ PAS NOUS COLLER TOUT LE WEEK END ?
J'ADORE ÊTRE COLLÉE À TOI... EUH AVEC TOI...
PARCE QUE L'AMOUR, ÇA REND HEUREUX !
EXCUSE-MOI MA CHÉRIE, J'AI DEUX HEURES DE RETARD !
C'EST PAS GRAVE, JE PENSAIS À ARTHUR, J'AI MÊME PAS VU LE TEMPS PASSER
PARCE QUE L'AMOUR, ÇA FRAPPE À TOUS LES ÂGES !
J'ADORE TES CHEVEUX, J'ADORE TES YEUX, J'ADORE TES MAINS... TU VEUX QUE JE TE RACCOMPAGNE CHEZ TOI ?
??
PARCE QUE L'AMOUR, ÇA FAIT RÊVER !
QU'EST-CE QUE VOUS AVEZ DANS LA TÊTE POUR RAMENER DES NOTES PAREILLES ?
RÉPONDEZ QUAND ON VOUS PARLE !
44

ET ALORS, POURQUOI C'EST SUPER LES JEUX VIDÉOS ?

LES 4 SOLUCES OFFICIELLES

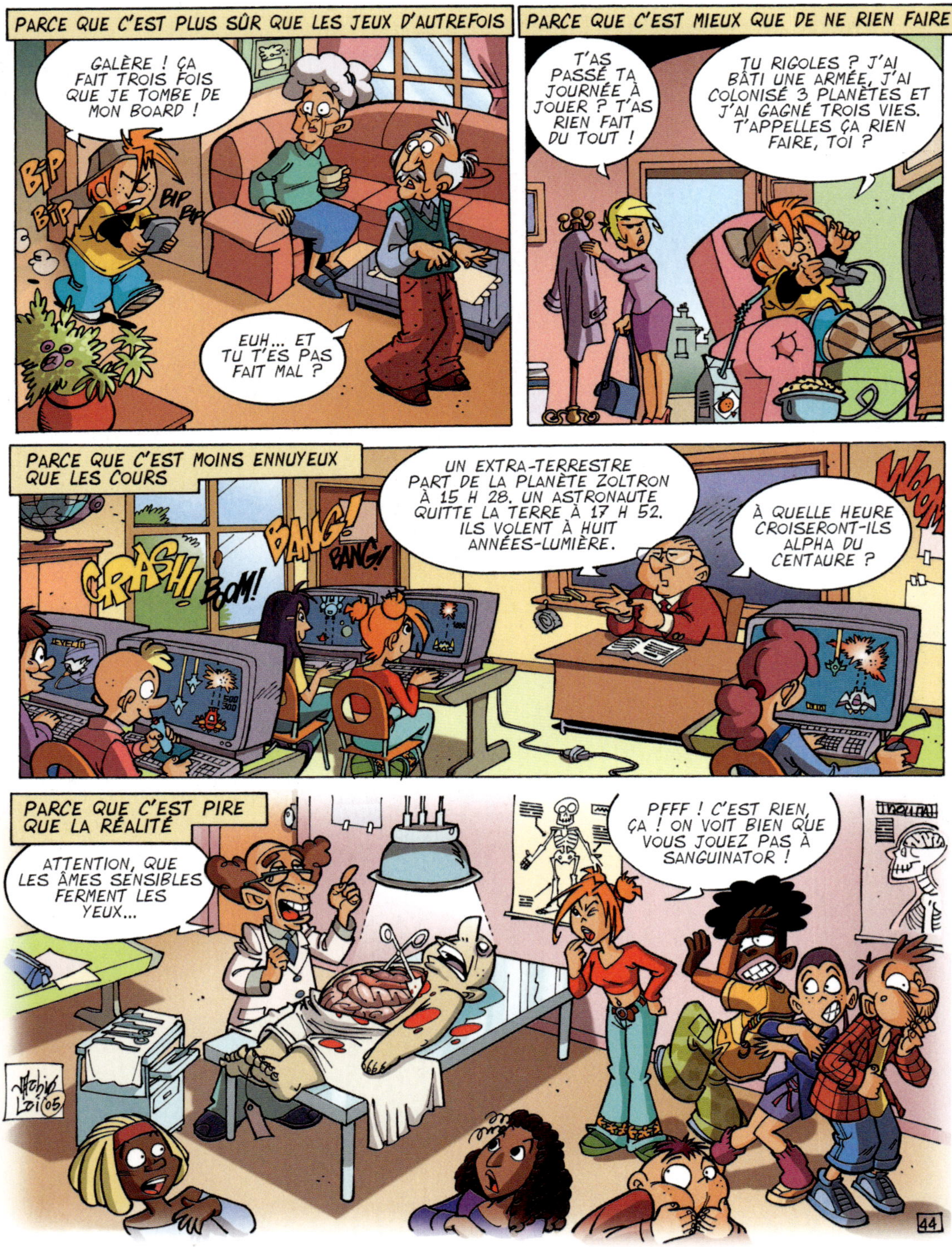
PARCE QUE C'EST PLUS SÛR QUE LES JEUX D'AUTREFOIS
GALÈRE ! ÇA FAIT TROIS FOIS QUE JE TOMBE DE MON BOARD !
BIP BIP
BIP BIP
EUH... ET TU T'ES PAS FAIT MAL ?
PARCE QUE C'EST MIEUX QUE DE NE RIEN FAIRE
T'AS PASSÉ TA JOURNÉE À JOUER ? T'AS RIEN FAIT DU TOUT !
TU RIGOLES ? J'AI BÂTI UNE ARMÉE, J'AI COLONISÉ 3 PLANÈTES ET J'AI GAGNÉ TROIS VIES. T'APPELLES ÇA RIEN FAIRE, TOI ?
PARCE QUE C'EST MOINS ENNUYEUX QUE LES COURS
UN EXTRA-TERRESTRE PART DE LA PLANÈTE ZOLTRON À 15 H 28. UN ASTRONAUTE QUITTE LA TERRE À 17 H 52. ILS VOLENT À HUIT ANNÉES-LUMIÈRE.
À QUELLE HEURE CROISERONT-ILS ALPHA DU CENTAURE ?
CRASH!
BOM!
BANG!
BANG!
WOOM
PARCE QUE C'EST PIRE QUE LA RÉALITÉ
ATTENTION, QUE LES ÂMES SENSIBLES FERMENT LES YEUX...
PFFF ! C'EST RIEN, ÇA ! ON VOIT BIEN QUE VOUS JOUEZ PAS À SANGUINATOR !
44

ET ALORS, POURQUOI Ç'EST SUPER DE FAIRE DES BÊTISES ?

QUATRE SUPER BONNES RAISONS !

PARCE QUE ÇA MET DE L'AMBIANCE DANS LA MAISON
LOU
AH ÇA, ON N'A PAS LE TEMPS DE S'ENNUYER !
VIVEMENT QUE JE PARTE AU BOULOT POUR ME REPOSER !

PARCE QUE ÇA PERMET D'ÉVACUER LE STRESS
AAAAAAHH !
APPAREMMENT, ÇA NE DÉSTRESSE PAS TOUT LE MONDE !
QUAND IL AURA HURLÉ COMME ÇA PENDANT DEUX HEURES, IL IRA MIEUX !

PARCE QUE ÇA FAIT RIGOLER
TU VOIS, ÇA L'AMUSE !
JE CROIS PLUTÔT QU'ELLE FAIT UNE ATTAQUE !
HOU LÀ, 'VAUT MIEUX PAS QU'ELLE ATTAQUE ! **TOUS AUX ABRIS !**

PARCE QUE ÇA FAIT PARTIE DE L'ENFANCE
PLEASE, LAISSEZ-MOI FAIRE DES BÊTISES... RIEN QU'UNE FOIS !
NON, T'AS PAS LE DROIT !
T'ES TROP GRANDE !
T'AVAIS QU'À PAS GRANDIR !

ET ALORS, POURQUOI C'EST SUPER D'ÊTRE UNE STAR ?

PARCE QUE C'EST SUPER COOL !

ON T'ATTEND PENDANT DES HEURES...
DOUYÉ ? GOUPIL ? JE SAIS PAS SI MONSIEUR MINO POURRA VOUS RECEVOIR... IL EST TRÈS OCCUPÉ...
ON EST SES SCÉNARISTES ! SANS NOUS, IL NE SERAIT RIEN !
JE VAIS VOIR CE QUE JE PEUX FAIRE...
NINOU & MINO
ET NINOU ? ON PEUT LA VOIR ?
ON EST GENTIL AVEC TOI...
FAIRE UN NOUVEL ALBUM DES GUIDES JUNIOR ? JE SAIS PAS, ON EST FATIGUÉS...
ON VOUS FERA DES SCÈNES TRANQUILLES, VOUS INQUIÉTEZ PAS...
ON VA VOUS MÉNAGER.
Y'CH'ONT BONS, CHES MACARONS...
ON TE LAISSE FAIRE CE QUE TU VEUX...
C'EST D'ACCORD, MAIS ON A DES CONDITIONS...
- PAS DE SCÈNE À L'ÉCOLE
- PAS DE RANGEMENT DE CHAMBRE
- DOUBLE RATION DE CHAMALLOWS
- NI HARICOTS VERTS, NI BROCOLIS
- UN MAQUILLEUR CHACUN
- UNE MASSEUSE ET UN KINÉ
ON TE TROUVE TOUJOURS BEAU
JE POURRAIS AVOIR LES CHEVEUX NOIRS ?
ET MOI, JE POURRAIS AVOIR UN NEZ EN TROMPETTE ?
HE, HO, ÇA Y EST, C'EST FINI, VOTRE MÉGALO ?! JE PEUX DESSINER, OUI ?!
4) MINO FAIT LES BÊTISES.
NINOU : AAAAAH !!!
MINO : HI HI HI !
Goupil / Douyé

ET ALORS, POURQUOI C'EST SUPER LES PROFS ?

QUATRE RAISONS PARMI UNE RIBAMBELLE D'AUTRES !

PARCE QU'ILS ONT DES CONNAISSANCES À T'APPRENDRE
AUJOURD'HUI, ON VA VOIR L'HISTOIRE DE L'ÉGYPTE, LA GÉOGRAPHIE DE LA FRANCE, LA VIE DU GÉNÉRAL DE GAULLE, LE PRINCIPE D'ARCHIMÈDE ET ON FINIRA PAR UNE INTERRO ÉCRITE...
EH BEN, ON N'EST PAS COUCHÉS !
PARCE QU'ILS ONT RÉPONSE À TOUT
M'DAME, JE PEUX ALLER AUX TOILETTES ?
SAIS-TU QUE L'URINE EST COMPOSÉE D'URÉE, D'ACIDE URIQUE, D'ACIDE HIPPURIQUE, D'UROBILINE, DE SODIUM, DE CHLORE, DE PHOSPHATES, DE CARBONATES ET DE SULFATES ?
PARCE QU'ILS ONT DE L'AMBITION POUR TOI
Né à Ajaccio le 15 août 1769 mort à Sainte-Hélène le 5 mai 1821
JE M'EN FOUS, DE NAPOLÉON, PLUS TARD, JE VEUX ÊTRE PÂTISSIER !
TRAVAILLE ET TU SERAS LE PÂTISSIER PERSONNEL DE NAPOLÉON !
PARCE QU'ILS CONSTRUISENT TON AVENIR
C'EST GRÂCE AUX COURS QUE NOUS AVONS EU AVEC VOUS QUE NOUS AVONS RÉUSSI DANS LA VIE !
RESTEZ CALME, CE N'EST PAS PLUS GRAVE QU'UN CONTRÔLE-SURPRISE ! HIN HIN HIN !
NE BOUGEZ PLUS, ÇA VA FAIRE MAL !

2 PANNEAUX D'INFORMATION

CHUTTT !
JE DORS

ATTENTION, ÉLÈVE MÉCHANT
NE PAS S'APPROCHER TROP PRES

DÉCOUPES LES PANNEAUX CI-DESSUS
ET COLLE-LES SUR TON SAC.
GRÂCE À EUX, TU VAS ENFIN ÊTRE
SUPER TRANQUILLE !

PROF

RÉPERTOIRE ET NOTES

ABCDE

F G H I J

NOTES

KLMNO

PQRST

UVWXYZ

J'TE SIGNALE QUE J'AI COMPTÉ TOUS LES TRUCS QU'IL Y A DANS CE LIVRE !
BRAVO ! (Y'EN A QUI ONT DU TEMPS À PERDRE !) ET ALORS ? Y'EN A COMBIEN ?
EH BEN Y'EN A... EUH... ATTENDS, EUH... Y'EN A... RÂÂÂ, ZUT, J'AI OUBLIÉ !
J'LE CROIS PAS ! QU'IL EST BÊTE !
PFFF ! M'EN FOUS, JE VAIS RECOMPTER !